山西文物要览

SHANXI WENWU YAOLAN

《山西文物要览》编委会　编

山西出版传媒集团

三晋出版社

图书在版编目（CIP）数据

山西文物要览. 四 / 《山西文物要览》编委会编. 太原 : 三晋出版社, 2024. 8. -- ISBN 978-7-5457-3031-9

Ⅰ. K872.25

中国国家版本馆CIP数据核字第20241D575Z号

山西文物要览（四）

编　　者：《山西文物要览》编委会

责任编辑：张仲伟　李旭杰

责任印制：李佳音

出 版 者：山西出版传媒集团·三晋出版社

地　　址：太原市建设南路21号

电　　话：0351-4956036（总编室）

0351-4922203（印制部）

网　　址：http://www.sjcbs.cn

经 销 者：新华书店

承 印 者：山西新华印业有限公司

开　　本：889mm×1194mm　1/16

总 印 张：165.75

总 字 数：1442千字

版　　次：2024年8月　第1版

印　　次：2024年9月　第1次印刷

书　　号：ISBN 978-7-5457-3031-9

定　　价：980.00元（全五册）

如有印装质量问题，请与本社发行部联系　电话：0351-4922268

卷四

·晋城市

·临汾市

《山西文物要览》
编委会

编委会办公室

资料保障组

陈德刚　石　莹　韩　莹　刘月平　尹新凤　刘　鹏　张建明　王晋亭　段利民
郭卫平　王丽业　王建萍　高　龙　王淑敏　武靖凯　刘依尘　乔佳伟　周　宁
胡　元　庄　严　任志强　王　昕　李云帆　吕柯楠　柴琳洁　王超永　曹　阳
申林娟　张婷翔

专家编审组（按姓氏笔画排序）

王　苗　王　婷　王小龙　尹　帅　古慧莹　叶若琛　田　园　史　君　冯　燕
刘　岩　刘建昭　芦宝琴　李　莉　李小龙　李晓霞　李海英　杨晓芳　宋　阳
张光辉　张国花　张洪峰　张晓清　张雅婕　林春杏　赵　彬　段恩泽　施光玮
袁　琦　高宇星　曹芳芳　韩　琳　韩若冰　韩炳华　雷　伟　简　莉

图片提供者（按姓氏笔画排序）

王　妍　王　松　王　涛（太原）王　涛（临汾）王　乾　王　敏　王　超　王卫明
王志勇　王丽新　王政涛　王鹏飞　牛海泉　巴艳波　左义聪　石振华　田　治
田怡蕊　田玲玲　史振宇　兰　杰　皮子龙　吉学东　成永平　吕旭燕　刘　冬
刘小江　刘东虹　刘永平　刘园礼　刘宏亮　刘泽强　闫文成　闫志鹏　孙泽青
孙慧琴　李　广　李广洁　李丽珍　李贵显　李振文　李晓翠　杨　平　杨卫平
吴国忠　辛　泰　宋维炉　张　义　张小平　张少毅　张庆金　张园园　张宝顺
张建军　张哲远　张晓剑　张海燕　张朝阳　陈博敏　武　冬　尚银龙　季文韦
季保全　阜　阳　周礼忠　郑海伟　郑珺文　赵　伟　赵永刚　赵志国　赵雨星
段振亮　袁国华　贾笑梦　贾家璇　高房斌　高新生　郭　健　郭国伟　黄赞民
曹　亮　崔元喜　崔文锋　梁　铭　韩　凯　韩　锐　景　鹏　景仲春　廉田静
蔺亚璐　蔺鸿斌　樊文珍　穆　榕　穆世斌　魏云龙

出版说明

文物承载灿烂文明，传承历史文化，维系民族精神。习近平总书记对文物保护工作念兹在兹、关怀备至。党的十八大以来，习近平总书记四次亲临山西，每次都深入文化遗产地和基层文博机构考察，反复强调要坚定文化自信、全面提升文物保护利用和文化遗产保护传承工作水平，为我们做好新时代文物工作指明了前进方向、提供了根本遵循。

山西是中华文明的重要发祥地，文化积淀博大厚重，文物资源灿若星辰。山西文物具有文明起源遗存富集、古代建筑冠居全国、彩塑壁画瑰丽绚烂、造像石刻精品荟萃、民居城池蜚声遐迩等突出特点。山西省第三次全国不可移动文物普查登记不可移动文物53875处，位居全国前列。其中，全国重点文物保护单位531处，约占全国总数的10.5%，居全国第一，省级文物保护单位779处；现存古建筑28027处，其中元代及元以前木构古建筑500余处，占到全国80%以上，特别是全国仅存的3座完整的唐代木构古建筑均在山西；现存唐代以来彩塑12000余尊、壁画50000余平方米，均居全国第一；现存古戏台2800余座，居全国第一；旧石器遗址、地点共800余处，居全国前列。山西已登记可移动文物320余万件，收藏于413家国有文物收藏单位，位居全国前列。其中珍贵文物76124件，包括一级文物5515件、二级文物17082件、三级文物53527件。

为认真贯彻落实习近平总书记关于文物保护利用和文化遗产保护传承的重要论述重要指示批示精神，系统展示山西重要文物资源，促进社会各界力量参与到山西文物保护利用中来，我们编纂出版《山西文物要览》一书。本书共分为五卷，收录全国重点文物保护单位和省级文物保护单位 1131 处，包括古文化遗址 179 处、古墓葬 86 处、古建筑 828 处、石窟寺及石刻 35 处、其他 3 处。

本书内容条目按照市、县行政区划顺序排列。在同一行政区域内，先列全国重点文物保护单位，再列省级文物保护单位。在文物保护单位中，按照古文化遗址、古墓葬、古建筑、石窟寺及石刻的顺序编排。

文物保护单位的介绍，以公布时的说明为主。存在学术争论的，主要采纳被广泛接受的主流观点。文物单位的编写内容包括类型、时代、位置、保护单位公布时间和批次、历史沿革、遗存构成、重点遗存介绍及价值等。

每个文物保护单位附图 1—3 张。文物保护单位体量特别大的，适当增加图片。附图按照先宏观后微观的顺序编排，即遗存全貌、遗存局部、能够说明遗存时代和性质的关键性位置图片或器物图片。

习近平总书记指出，文物和文化遗产承载着中华民族的基因和血脉，是不可再生、不可替代的中华优秀文明资源。我们期待《山西文物要览》一书的编纂出版，能够助力文物保护利用，讲好文化遗产里的山西故事，推动三晋优秀传统文化焕发新的时代光彩，为山西实现从文物大省向文物强省、文化大省向文化强省的跨越作出贡献。

《山西文物要览》编委会

目录

晋城市

城　区

沁水县

阳城县

陵川县

泽州县

高平市

临汾市

尧都区

曲沃县

翼城县

襄汾县

洪洞县

吉　县

安泽县

浮山县

侯马市

霍州市

晋城市

山西
文物
要览

❶ 城　区

❷ 沁水县

❸ 阳城县

❹ 陵川县

❺ 泽州县

❻ 高平市

怀覃会馆

位置　晋城市城区南街街道驿后社区南街东巷309号

时代　清代

类型　古建筑

2019年，被国务院公布为第八批全国重点文物保护单位。

怀覃会馆建于清乾隆年间，是河南北部三府（怀庆、彰德、卫辉）商人在泽州府的行业会馆。会馆正殿建于清乾隆五十七年（1792），拜殿建于乾隆五十八年（1793），侧殿建于嘉庆七年（1802）。怀覃会馆是清代河南商贾在晋城聚会、落脚、议事的场所。

会馆坐北朝南，一进院落布局，占地面积2170平方米。中轴线上由南至北依次为拜殿、正殿，两侧为配殿、耳殿。正殿面阔三间，进深六椽，七檩前出廊构架，单檐悬山顶，琉璃脊饰。正殿内壁存壁画约45平方米。拜殿面阔三间，进深四椽，五檩无廊式构架，单檐歇山顶，孔雀蓝琉璃脊饰，檐下斗栱五踩双翘，雀替、梁架装饰雕刻精美。拜殿前存砂石狮子1对，院内现存有石碣1方。

怀覃会馆拜殿

怀覃会馆拜殿正立面

怀覃会馆全景

景德桥

位置 晋城市城区西街街道景德桥社区

时代 金代

类型 古建筑

1965 年，被山西省人民委员会公布为第一批省级文物保护单位。

景德桥跨于西沙河上，原名“沁阳桥”。据桥上现存碑文记载，桥创建于金大定二十九年（1189），明昌二年（1191）落成，清乾隆四十八年（1783）改今名。

景德桥为单孔敞肩石拱桥，东西走向，全长 21.6 米，宽 5.33 米。主券由 25 道单体石条并列砌筑，净跨 16 米，拱高 4 米。两端副券各一，副券宽 3.05 米，高 1.6 米。高拱券面石上压地隐起雕刻有鲤鱼、童子、蛟龙、水波、花卉等图案，锁口石上雕镇水兽面，桥面两端施石栏板、望柱。

景德桥石刻局部

景德桥远景

景忠桥

位置：晋城市城区北街街道下东关社区

时代：金代

类型：古建筑

1986年，被山西省人民政府公布为第二批省级文物保护单位。

景忠桥跨于东沙河上，又名“永济桥”，俗称“东大桥”。

据清乾隆四十八年（1783）《凤台县志》记载，该桥创建于元至元年间，当时为木构桥梁，明弘治年间仿西关景德桥而改建为石桥，清乾隆四十八年（1783）重修，1996年曾修葺。

桥全长16.8米，宽6.15米，主券净跨10.8米，矢高3.1米，由22道石券采用并列错砌法砌成，两端各设一长条石，外端刻作龙头。桥面现已改为沥青铺筑，栏板线刻卷草纹。

景忠桥远景

景忠桥兽面雕刻

东上地祇庙

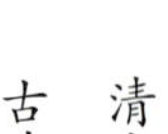

位置　晋城市城区北石店镇东上村

时代　清代

类型　古建筑

2021年，被山西省人民政府公布为第六批省级文物保护单位。

东上地祇庙俗称“西庙”“土地庙”，创建年代不详，据庙内题记记载，清道光八年（1828）重修，现存均为清代建筑。

庙坐北朝南，一进院落布局，占地面积994平方米。中轴线上由南至北依次为山门（上为倒座戏楼）、正殿，两侧分别建有妆楼、看楼、配殿（西配殿已毁）、耳殿。

山门为二层建筑，一层南侧出抱厦作为庙门，北侧二层不设装修作为戏楼，面阔三间，进深四椽，单檐硬山顶，檐柱为方形石柱。

正殿面阔三间，进深六椽，五架梁前对双步梁，单檐悬山顶。正殿立于须弥座台基之上，须弥座束腰板刻有人鱼线刻，明间雕有狮子，四角设力士。正殿廊柱用方形石柱，柱头枋雕花。正殿明间设青石门框，雕有化生童子线刻。

东上地祇庙正殿正立面

东上地祇庙正殿梁架

窦庄古建筑群

位置　晋城市沁水县嘉峰镇窦庄村

时代　明代至清代

类型　古建筑

2006年，被国务院公布为第六批全国重点文物保护单位。

窦庄古建筑群为明万历二十年（1592）进士、大理寺正卿张五典及其子孙所建。现存古建筑面积约4万平方米，有财神庙、常家大院、慈母堂、佛庙、古公堂、凝瑞院、旗杆院、尚书府、进士院、怡善院、寅宾院、恩世锡院、城楼、三圣阁、民宅等66处建筑，建筑布局多以四合院为主，群体相连。古建筑群除佛庙正殿为元代遗构外，其余以明清时期的民居为主。

窦庄佛庙，据庙内现存碑文记载，创建于元至正六年（1346），明、清又有扩建并多次维修。庙坐北朝南，一进院落布局，占地面积598平方米。中轴线上建有南殿（改建）、正殿，两侧有厢房、耳殿，山门设于东南角。正殿石砌台基，面阔三间，进深五椽，六檩前廊式构架，单檐悬山顶，前檐施石柱，柱头收分显著，上施通额枋，柱头斗栱四铺作单下昂，当心间补间铺作一朵。檐柱刻楹联1副“积德之家必有余庆，积恶之家必有余殃”，门窗改制。

窦庄尚书府下宅创建年代不详，现存建筑为明代风格。宅院坐南朝北，一进四合院，占地面积224平方米。中轴线由

窦庄古建筑群尚书府大门

郭壁村古建筑群

位置 晋城市沁水县嘉峰镇郭南、郭北村

时代 明代至清代

类型 古建筑

2006年，被国务院公布为第六批全国重点文物保护单位。

郭壁村古建筑群现存建筑多为明清时期张、赵姓的民宅、宗祠、寺庙等。村东沿河石砌护坡，村西山上筑有夯土城堡。村内分坊区，以“坊”“里”命名，如“宁远坊”“三槐里”等。村内现存多座内门楼、过街楼等，民宅有清代郭北韩家院、郭北极高明院、郭北青缃里南院、郭北王氏宗祠、郭北赵家宅院、郭南金代崔府君庙、郭南明代雨花阁、郭南清代馥芸轩院、郭南观音阁、郭南树德培仁院、郭南王氏宗祠、郭南文昌阁、郭南张家十三宅东院、郭南张家十三宅秩南院、郭南赵家宅院、郭南忠信笃敬院、郭南明崇祯九年（1636）张家十三宅“月殿分香”院等3400余间。

郭南崔府君庙位于郭南村中，坐北朝南，二进院落布局，占地面积1723平方米。庙创建年代不详，现存崔府君殿为金代风格，关帝殿为明代风格，其余建筑皆为清代风格。中轴线上由南至北建山门、戏台、关帝殿、舞楼、崔府君殿，两侧有钟鼓楼、阎王殿、子孙祠、厢房、文成殿、白龙殿等。前院东南隅有土地庙，已塌毁。关帝殿石砌台基，面阔三间，进深四椽，前出廊，单檐悬山顶，通檐施石柱4根，上置大额枋，斗栱三踩单昂，门窗改制。崔府君殿石砌台基，面阔三间，进深四椽，前出廊，通檐用柱4根，两侧施石柱，中间施木柱，有侧脚，收分明显，柱础低矮，柱头斗栱五铺作，单檐悬山顶。

郭南张家十三宅“月殿分香”院位于郭南村。宅院坐西朝东，一进四合院，占地面积311平方米。据大门门匾记载宅院建于明崇祯九年（1636）。中轴线上由东至西建有倒座、正房，两侧为厢房、耳房，大门位于倒座东北，门匾额题“月殿分香”。北厢房东北开二门，上题“映秀”。正房为两层，石砌台基，面阔三间，单檐悬山顶，门窗改制。

郭壁村古建筑群集居住、商贸、文化、防御、祭祀等功用于一体，建筑物种类繁多，是一处明清时期乡村集镇的典型，是研究该时期社会、政治、经济、文化、军事的实物资料，具有较高的历史文化价值。

郭壁村古建筑群郭南民居

郭壁村古建筑群郭南张家十三宅“月殿分香”院

郭壁村古建筑群全景

柳氏民居

位置 晋城市沁水县西文兴村

时代 明代至清代

类型 古建筑

2006年，被国务院公布为第六批全国重点文物保护单位。

柳氏民居是唐代大诗人柳宗元后裔柳遇春的故居，创建于明嘉靖二十九年（1550），清代屡有修葺、增建，2006年进行维修。民居坐北朝南，占地面积4032平方米，房屋总计114间。院落分为两组，以东西走向的村中街道为中线，南、北两侧并列两院。原建筑有13座院落，现仅存4座。除两座石牌坊为明代所建，其余皆为清代建筑。民居建筑共分3个部分。村东端为外府区，包括柳氏祠堂、虞帝庙、文庙、纸帛楼、天子殿、圣庙、柴房和左、右过亭等；村北端为内府区，包括府内环形小街、小戏台、司马第、中宪第、武德第、承德第、因秀楼、地道口、赏景亭、观河亭、后花园、府门楼等；中间区为内外府相接处，主要是文昌阁、校场、府外门楼和两个高大壮观的石牌坊构成的内街。现保存完整并具有代表性的院落有司马第院、中宪第院等。柳氏民居内木雕、石雕千姿百态，内容丰富，内存宋至清书法名碑40余通。

“丹桂传芳”牌楼坐西朝东，占地面积3平方米。据匾额记载建于明嘉靖二十九年（1550），现存建筑为明代风格。牌楼为砂岩质地，二柱单门单楼式，柱子前后为方形夹杆石，夹杆石上雕凿石狮。两柱间小额枋雕刻成月梁形，上为花板，花板书“庚子科柳騄”。匾额楷书“丹桂传芳”。最上端龙门枋上施斗栱1攒，单檐歇山顶。

司马第院坐北朝南，二进院落，占地面积 1195 平方米。据正房梁架题记记载，建于清道光十二年（1832），现存建筑为清代风格。中轴线上建有倒座、厅房、正房，两侧分别为倒座耳房、一进厢房、耳房、二进厢房、耳房。院内主要建筑均为两层，面阔三间，进深四椽，单檐悬山顶，隔扇门窗，二层设檐廊。

柳氏民居作为一个集南北风韵于一体的明清建筑文化奇观，不仅是一部研究地方民风民俗极具价值的实物资料，而且在建筑、碑刻、书法艺术和伦理道德等方面也具有较高的价值。

柳氏民居全景

柳氏民居“丹桂传芳”牌楼

柳氏民居中宪第院内景

湘峪古堡

沁水县

位置 晋城市沁水县郑村镇湘峪村

时代 明代至清代

类型 古建筑

2006年，被国务院公布为第六批全国重点文物保护单位。

湘峪古堡由孙居相、孙鼎相兄弟主持修建，建于明天启三年（1623），竣工于崇祯七年（1634）。由于孙鼎相在孙氏四兄弟中排行第三，又曾担任过都察院右副都御史，他的府第便以“三都堂”为名，湘峪古城也因此被称为“三都古城”。古城依山而建，分为内城和外城，城内主要建筑由东西向2条街和南北向9条巷道有序分割。现存主要建筑有三都堂、帅府、十大宅院等民居建筑以及寺院、祠堂、私塾等公共设施。古堡占地面积约3.3万平方米。

湘峪孙鼎相府第俗称“三都堂”，坐北朝南，占地面积1304平方米，二进院落布局，一进院为四合院，二进院为三合院。中轴线上建有一进院倒座、过厅、二进院院门、正房，两侧有一进院院门，一、二进院东、西厢房，耳房。二进院院门为牌楼式，双柱单开间，门额上有字牌两层，上层书“四部首司”，下层书“吏部稽勋司郎中前文选考功验封稽勋暨礼部仪制司各员外礼部武选工部营缮司各主事孙鼎相第”。正房名曰“瞭望楼”，俗称“看家楼”，楼为5层，高约20米，石砌台基，面阔三间，进深四椽，单檐硬山顶。

湘峪古堡修筑于城垣之中的藏兵洞，中西合璧的状元楼、探花楼以及固若金汤的城墙防御体系极具特色，被专

湘峪古堡门楼

湘峪古堡双插花院

湘峪古堡全景

家誉为“中国北方乡村第一明代古城堡”。外城南城墙沿溪流而建，在岸边悬崖峭壁上砌砖垒石，建有角楼、藏兵洞、马厩、马夫住的窑洞以及挡水墙等，因地制宜，窑洞层叠，相互连通，大大地提高了防御能力。外城西城墙亦建有两层窑洞，上下相通，既可屯兵，又可储存守城器械。由于湘峪古堡城墙建有层层密密的藏兵洞，因此又被称为“蜂窝城”。

下川遗址

位置 晋城市沁水县中村镇下川村

时代 旧石器时代

类型 古文化遗址

1986 年，被山西省人民政府公布为第二批省级文物保护单位。

下川遗址，1970 年由吕辑书同志首次发现。1972 年、1973 年和 1975 年下川遗址先后经过 3 次调查，在方圆 20—30 千米的范围内共发现遗址点 16 处，广泛分布于历山、固隆、索泉岭、东川和下川等 5 个地区。

经 1973 年和 1974 年两次试掘，基本认识了遗址的文化内涵，并将其命名为“下川文化”。长期以来，下川遗址的文化内涵与年代一直是学界争论的焦点。为了厘清下川文化遗址各地点的文化内涵与年代，2014 年—2017 年重新发掘了富益河圪梁和牛路地点、小白桦圪梁和水井背地点、流水腰地点。发掘成果打破了以往我们对下川遗存的固有认知，确认其是一处存在简单石核—石片技术与石叶—细石叶技术的复杂多元的文化遗存，时代从旧石器中期一直延续至旧石器晚期晚段。连续 4 年的发掘和研究工作表明下川遗址存在两种技术类型：一种为华北地区传统的简单石核—石片技术，另一种为新出现的石叶—细石叶技术。时代从旧石器时代中期一直延续至旧石器时代晚期晚段，包含旧石器中期、旧石器晚期早段的简单石核—石片文化、旧石器晚期中段至晚段的石叶—细石叶文化 4 个发展阶段。

下川遗址细石器技术的发现，尤其是船形和楔形石核，

下川遗址远景

下川遗址土层断面

对于研究细石器技术的起源和演变具有重要意义；对赤铁矿石的加工和利用，反映了古人类象征性行为的存在，为讨论现代人及其行为的出现、发展和演化提供了直接证据。简单石核—石片技术和石叶—细石叶技术的存在，为进一步探讨两种技术的转变原因和对应人群奠定了基础。遗址中黑色燧石的大量发现，表明此类石料在石器的生产中扮演重要角色，为我们研究古人类群体对黑色燧石的采集和利用策略提供了丰富的研究对象。

下川遗址采集标本

八里坪遗址

位置
晋城市沁水县郑庄镇八里村与庙坡村之间

时代
新石器时代

类型
古文化遗址

1986 年，被山西省人民政府公布为第二批省级文物保护单位。

八里坪遗址地处沁河东岸台地上，西、南为沁河环绕，东北部至庙坡村西，东南以沁河支流水泉沟为界，分布面积 100 万平方米，时代包含庙底沟二期、龙山、夏时期等阶段。

2020 年以来，开展了遗址勘察与重点发掘，确认庙底沟二期该遗址规划有内外三重环壕，环壕主要为人工挖成，局部区域利用自然冲沟或河道，围合成环壕聚落，外壕沟宽 8—10 米，壕沟内面积 46 万平方米。中壕沟宽 13—18 米，深 1.7—3.8 米，壕沟内面积 5.5 万平方米。内壕沟内面积 1 万平方米，宽度 4—6 米，深 1.1—2.5 米。内壕沟内北部发现一组

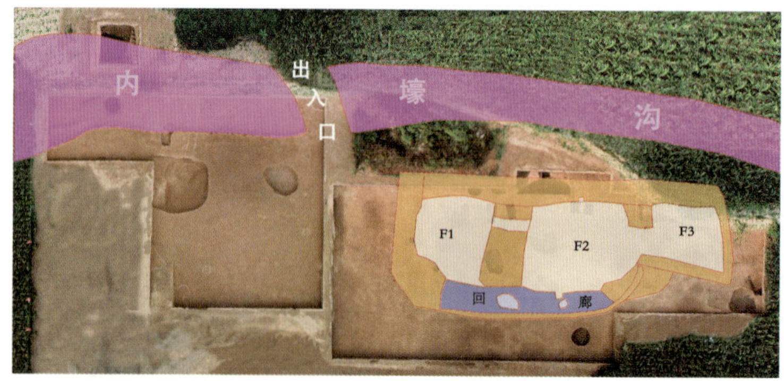

八里坪遗址内壕沟内建筑基础位置示意图

夯土建筑基础，东西总长 36 米，南北宽 11—14 米，面积约 500 平方米。龙山时期聚落核心区建筑基础被毁，聚落中心区向北偏移，中壕沟及内壕沟被填平，外壕沟仍在继续使用，并向北扩展约 150 米，环壕内面积增加 40 万平方米。整个聚落显示出很强的规划性和严整的秩序性。龙山晚期该遗址呈现衰退之势，夏时期进一步萎缩。

通过多年的考古工作，已确认八里坪遗址最兴盛时期与陶寺文化有密切联系，是与陶寺同时期晋东南地区的一处中心聚落。遗址处于中原核心区与北方文化圈交流、互动的关键通道上，是沁河—南太行区域中心聚落，也是目前所知晋东南地区规模最大的史前遗址，对于考察新石器时代末期晋东南与中原核心区考古学文化的交流互动，以及在以中原为中心的文化趋势演化成社会政治格局进程中的地位具有重要研究价值。

八里坪遗址第一期 IIIH11 出土部分陶器

八里坪遗址 2022III 区 M3

八里坪遗址出土石器

石塔

位置　晋城市沁水县胡底乡玉溪村

时代　唐代

类型　古建筑

1986 年，被山西省人民政府公布为第二批省级文物保护单位。

石塔坐落在玉溪村东庙墙根，原属寺庙已不存。据塔基所嵌碑刻记载，创建于唐，明正统十年（1445）重修，2002 年进行维修。

塔为方形密檐式，塔通高 6.2 米，通体收分，塔身共 4 层。塔基砌筑 3 层，为青石质，平面呈方形，各层四角立柱，中层基座束腰四周刻建塔缘起和施财人姓名。塔一层较高，南向辟门，门两侧雕守门力士，拱券上雕飞天坐佛、祥云等。塔室中雕刻释迦佛、迦叶、阿难及二胁侍菩萨。各层四面均开尖拱龛，内雕坐佛 1 尊。塔背刻文“玉溪村东旧古浮图，多年损坏，已有常主张得善舍予牛一只重修……正统十年八月吉日”。可见此塔自唐创建后到明正统十年（1445），曾于重修时更换底层塔身前、后二石。塔刹上由山花蕉叶、相轮、宝盖组成。

石塔造型古朴，造像雕工精细，为国内唐塔中之精品。

石塔局部

石塔整体

上阁龙岩寺

位置 晋城市沁水县中村镇上阁村南

时代 宋代至清代

类型 古建筑

2016年，被山西省人民政府公布为第五批省级文物保护单位。

上阁龙岩寺创建年代不详，现存建筑中南殿为金代遗构，正殿为元代建筑，其余建筑为清代风格。寺坐北朝南，一进院落布局，占地面积792平方米，中轴线上由南至北依次建有南殿、正殿，两侧建有东门、西角房、厢房、耳殿。

正殿石砌台基，面阔五间，进深六椽，单檐悬山顶。南殿面阔三间，进深四椽，歇山顶建筑，梁架采用四椽栿通檐用两柱形式，斗栱为五铺作。

上阁龙岩寺虽创建年代不详，但建筑规模保存完整，真实再现了从金到清的历史变迁。南殿保存了上阁龙岩寺早期的建筑风格，是我国古代建筑的佳作，具有较高的历史、艺术、科学价值。

上阁龙岩寺全景

上阁龙岩寺正殿正立面

上木亭大庙

位置 晋城市沁水县龙港镇木亭自然村

时代 元代至清代

类型 古建筑

2016年，被山西省人民政府公布为第五批省级文物保护单位。

上木亭大庙创建年代不详，据庙内存碑记载，东西廊建于明嘉靖十八年（1539），清乾隆四十年（1775）、嘉庆十七年（1812）曾有修葺。1964年揭顶瓦维修。现存正殿、献殿为元代遗构，其余建筑为清代风格。庙坐北朝南，一进院落布局，占地面积1023平方米。中轴线上建戏台、献殿、正殿，两侧为妆楼、厢房、配殿、耳殿。

正殿建于石砌台基之上，面阔三间，进深五椽，单檐悬山顶，柱头斗栱三踩单昂，门窗改制。中殿面阔三间，进深四椽，单檐歇山顶。庙内存碣10方。

上木亭大庙整体规模及建筑保存完整。献殿建筑打破常规，采用歇山的山际面作为建筑的正面，为同一时期山西地区建筑殊例，这一设计增强了献殿在整个庙宇的突出地位，对研究我国古代建筑史具有较高的历史、艺术价值。

上木亭大庙门楼

上木亭大庙正殿

下李庄二郎神庙

位置　晋城市沁水县嘉峰镇下李庄村

时代　元代至清代

类型　古建筑

2021年，被山西省人民政府公布为第六批省级文物保护单位。

下李庄二郎神庙创建年代不详，据庙内正殿明正德七年（1512）《重修左右耳殿宇记》记载“泽州沁邑之东……厚人物茂盛其村古有……太和捌载之间重……昔大明正德柒年岁次……”推断，该庙在唐大和年间已有之。元、明、清屡有修葺，现存正殿为元明时期遗构，东耳殿为明代遗构，其余为清代建筑。庙坐北朝南，一进院落布局，占地面积820平方米。中轴线上由南向北依次为戏台、正殿，两侧有东、西耳殿，东、西厢房，戏台东、西耳房以及山门。

正殿面阔三间，进深四椽，单檐悬山顶，梁架结构为三椽栿前压劄牵用三柱，檐下铺作为五铺作单杪单下昂，出要头，明间装修设板门，次间格子窗，三椽栿采用自然弯材。

戏台为倒座戏台，一层为窑洞三孔，明间为庙门，设板门，次间格子窗；二层面阔三间，进深四椽，单檐硬山顶，梁架结构为五架梁通檐用二柱。

下李庄二郎神庙对于研究下李庄村的历史变迁具有较高的历史价值。现存脊刹上题有“阳城县□□待昭□宣□□”，对于研究当地的历史具有重要的参考意义。下李庄二郎神庙集中反映了元、明、清等不同朝代典型传统建筑的历史变迁。

下李庄二郎神庙全景

下李庄二郎神庙正殿

嘉峰汤帝庙

位置　晋城市沁水县嘉峰镇嘉峰村

时代　明代至清代

类型　古建筑

2021年，被山西省人民政府公布为第六批省级文物保护单位。

嘉峰汤帝庙创建年代不详，据现存碑碣记载，清道光十九年（1839）重修，现存建筑为明清遗构。庙坐北朝南，占地面积1577平方米，中轴线由北向南分别为正殿、献殿、戏台、大门，东、西两侧分别为五土殿（东）、白龙宫（西）、药王殿（东）、马王殿（西）、东西禅房、关帝庙（东）、文庙（西）、文庙配房（西）、东西妆楼、关帝庙山门等，庙外东南角存有影壁。

正殿面阔五间，进深六椽，单檐悬山顶，梁架为五架梁前压双步梁用三柱，前廊式建筑，前檐斗栱为五踩双下昂，出耍头，明间、次间板门装修，梢间格子窗。

戏台为倒座戏台，面阔三间，明间为庙院入口，设板门，平面立三排方形抹棱石柱，南侧设抱厦，柱头设五踩双下昂斗栱。二层面阔三间，进深四椽，单檐悬山顶，梁架为五架梁通檐用二柱，柱头斗栱三踩单下昂，平身科出斜栱，龙首形耍头。庙内现存清代石碣1方。

嘉峰汤帝庙整体风格保存较好，建筑布局合理，历经明、清两代修葺，有较高的历史文化价值。

嘉峰汤帝庙正殿

嘉峰汤帝庙戏台

武安关帝庙

位置 晋城市沁水县嘉峰镇武安村

时代 明代至清代

类型 古建筑

2021年，被山西省人民政府公布为第六批省级文物保护单位。

武安关帝庙创建年代不详，现存正殿、拜亭为明代遗构，其余为清代建筑。庙坐北面南，二进院落布局，占地面积1562平方米。中轴线上由南向北依次为戏台、拜亭、正殿，两侧存有东、西妆楼（山门）。

正殿面阔三间，进深四椽，单檐悬山顶，梁架结构为四架梁前压单步梁用三柱，前廊式建筑，前檐斗栱为三踩单翘，出云形耍头，装修为后人改制。

拜亭位于院落中部，前后通透，面阔三间，进深四椽，单檐悬山顶。梁架结构为前、后双步梁于中柱之上对接用三柱。前檐斗栱为三踩单下昂，出耍头，明间装修缺失，次间为隔扇窗。拜亭同时使用减柱造与移柱造做法，减去前（后）内柱，前（后）内柱向正中移一步架，整体梁架结构具有早期建筑遗风。

武安关帝庙是当地居民对关羽忠勇仁义信仰的载体，在历史上起着维系乡民、寄托情感、教人向善的作用，同时也是研究晋东南地区元、明建筑过渡及明代建筑的重要实物例证。

武安关帝庙正殿

武安关帝庙拜亭

武安惠济寺

位置 晋城市沁水县嘉峰镇武安村

时代 明代至清代

类型 古建筑

2021年，被山西省人民政府公布为第六批省级文物保护单位。

武安惠济寺创建年代不详，据寺内碑记记载金代赐牒，元、明、清各代屡有修葺，现存正殿、过殿、山门为明代遗构，其他均为清代建筑。寺坐北朝南，二进院落布局，占地面积1570平方米。中轴线上由南向北依次为山门、过殿、正殿，两侧依次为一进院东、西廊房，东、西配楼，二进院东、西配殿。

正殿面阔五间，进深六椽，单檐悬山顶，梁架结构为五架梁前压双步梁用三柱，前檐斗栱五踩双下昂，龙首形耍头。室内梁架木构件、铺作上均有明代彩绘。东、西山墙留有明代壁画，壁画内容为文武官僚、女官、贤士等，共80余幅，线条流畅表情自如，具有较高的艺术价值。

山门面阔三间，进深四椽，单檐悬山顶。梁架结构五架梁通檐用二柱，檐下柱头斗栱五踩双下昂，出耍头，明间平身科出斜栱，明间装修为隔扇门，次间为隔扇窗。寺内现存清代碑3通。

武安惠济寺反映了金、元、明、清等不同时代的典型传统建筑的历史变迁，为后世留下了珍贵的实物资料。

武安惠济寺正殿

武安惠济寺过殿

东峪村造像

类型 石窟寺及石刻

时代 北齐

位置 晋城市沁水县十里乡东峪村孝良自然村

1965 年，被山西省人民委员会公布为第一批省级文物保护单位。

东峪村造像又称“丈八寺石刻造像”，寺被毁，只留佛造像 1 尊。

东峪村造像为砂石质单体石造像，通高 4.2 米。佛作立姿，头饰肉髻，面相方圆，双目前视，身着通肩袈裟，内着僧祇支，衣纹呈折叠式，体型较粗壮，跣足立于莲台之上。莲座刻有“北齐天统三年（567）”题记。

东峪村造像造型大方庄重，神态肃穆，具有北齐造像的典型风格，为研究北齐造像留下了珍贵的实物资料。

东峪村造像局部

东峪村造像整体

下交汤帝庙

位置：晋城市阳城县河北镇下交村北

时代：宋代至清代

类型：古建筑

2006年，被国务院公布为第六批全国重点文物保护单位。

据庙内碑记及石柱题记记载，下交汤帝庙创建于金大安三年（1211），明、清两代均有修缮。现正殿、拜亭为金代遗构，其余皆为明清建筑。庙坐北朝南，二进院落布局，占地面积2044平方米。中轴线上由南而北建有山门、马王祠、舞台、拜亭及正殿，两侧有华门、妆楼、文昌阁、乐楼、厢房、配殿及耳殿。

山门居庙院正南，外建悬山顶抱厦，门额书“桑林遗泽”。庙内现存历代碑15通，碣14方。拜亭面阔、进深均为三间，单檐歇山顶，屋顶举折平缓，出檐深远，方形抹角石柱，侧脚、收分明显，柱身有线刻雕饰，柱头斗栱五铺作双下昂，梁架结构为四椽栿后对乳栿，为金代遗构。清康熙四十八年（1709）重修时，将原有两间易为三间，东北角柱有“本社张珪自愿施柱壹条，大安二年岁次辛未匠人杨琛”题记。

下交汤帝庙正殿，又称“广渊祠”，面阔、进深均为三间，单檐歇山顶，屋顶举折平缓，出檐深远，檐下斗栱五铺作双下昂，柱头、补间各施一朵。殿前设廊，方形抹角石檐柱，侧脚、收分明显，柱周线刻化生童子、儒士、神话故事及花鸟图案，精美生动。前檐廊两端有明代石雕狮子各1尊。

下交汤帝庙远景

下交汤帝庙拜亭正立面

下交汤帝庙正殿石柱线雕图

开福寺

位置 晋城市阳城县凤城镇东关村凤凰东街人民巷13号

时代 金代至明代

类型 古建筑

2006年，被国务院公布为第六批全国重点文物保护单位。

开福寺，原名“文殊寺”，始建于北齐天保四年（553），后晋天福四年（939）重建，历代均有维修。寺坐北朝南，一进院落布局，占地面积3447平方米。现仅存大雄宝殿、献殿和戏台。

大雄宝殿为金代建筑，献殿为元代建筑，戏台为明代建筑。大雄宝殿建于高0.44米的石砌台基上，面阔五间，进深六椽，单檐悬山顶，琉璃脊饰，殿内梁架为四椽栿后对乳栿通檐用四柱，殿用减柱造法。献殿石砌台基，台基高1.6米，面阔三间，进深六椽，单檐歇山顶，琉璃脊饰，殿内梁架四椽栿后对乳栿通檐用四柱。戏台为明代风格，据梁架题记记载，清乾隆三十一年（1766）重修，石砌台基，面阔三间，进深六椽，单檐悬山顶，梁架施彩绘。寺内存民国维修记事碑1通。

开福寺大雄宝殿梁架

开福寺大雄宝殿正立面

开福寺献殿正立面

润城东岳庙

位置：晋城市阳城县润城镇润城村

时代：金代至清代

类型：古建筑

2006年，被国务院公布为第六批全国重点文物保护单位。

润城东岳庙创建年代不详，据庙内石刻记载，始建于宋代，明万历二十一年（1593）重建，清康熙、乾隆年间均有重修，现存献亭、正殿为明代建筑，余皆为清代建筑。庙坐北朝南，占地面积1036平方米。原为三进院落，现仅存中轴线上的献亭、正殿、后宫以及正殿与后宫的左、右耳殿。

献亭为明代建筑，建于方形台基上，台基四周围以石雕栏杆，栏杆的石柱上雕石狮、石猴等动物图案，动物形象生动。殿身面阔、进深各三间，十字歇山顶。屋顶施琉璃瓦脊，花卉图案精美，仙人走兽栩栩如生，是明代琉璃中的精品之作。

正殿面阔五间，进深六椽，悬山式顶，殿顶脊饰及两山博风板、悬鱼、惹草皆琉璃制作，色彩艳丽。后宫面阔五间，进深六椽，重檐歇山顶，殿顶琉璃脊饰，吻兽齐备，皆为明代所作。台基前有石栏杆，栏杆柱上有狮子、大象、狻猊等石雕，造型生动。庙内存明代碣2方，清代及民国碑13通。

润城东岳庙内景

润城东岳庙正殿正立面

润城东岳庙献亭藻井

砥洎城

位置　晋城市阳城县润城镇润城村西北

时代　明代

类型　古建筑

2006年，被国务院公布为第六批全国重点文物保护单位。

砥洎城创建年代不详，据明崇祯十一年（1638）“山城一览”建筑规划图碑记载，其创建年代应早于明末，现存建筑多为明清时期建造。砥洎城平面呈椭圆形，占地面积3.7万平方米。城内建筑多以砖、石、炼铁坩埚等材料修筑而成。砥洎城设有水、旱两门，城内主街分十大街坊，沿城墙筑有环城路，其余通道则为住宅巷道，所有街巷口皆为“丁”字形。城墙上筑有望楼、炮口、女墙、藏兵洞等防护设施。城内建筑门类齐备，有庙宇、厅堂、宅院、花园、水井，另有过街楼点缀于小巷中。

现存建筑有土地庙、关帝庙、黑龙庙、三官庙、三清庙、文昌阁；民居有淑善院、笃庆居、简静居、恭处居、敦厚居、静谧居、谦益居、怀德居、鸿胪第、有恒居、南轩、怡宅等20余座。砥洎城出于军事防御目的而建，同时兼顾居住功能，充分体现出鲜明的防御为本、平战结合的设计风格和建筑特点。

张敦仁故居中保存有“山城一览”建筑规划图碑，正中镌刻砥洎城建筑规划平面图，图中详细标出城廓的地理方位及主要建筑分布、每宅占地面积以及巷道和设施。碑面右下角记述了当年砥洎城的修建概况。这种明代小城建筑规划图碑刻，是我国古代建筑史研究中的珍贵资料，具有较高的历史价值和研究价值。

砥泊城街巷及过街楼

砥泊城全景

砥泊城坩埚城墙

郭峪村古建筑群

晋城市阳城县北留镇郭峪村

明代至清代

古建筑

2006年，被国务院公布为第六批全国重点文物保护单位。

郭峪村古建筑群是明崇祯八年（1635）当地居民为避难自保而修建的防御性建筑，由郭峪、侍郎寨、黑沙坡3部分组成。因城门门洞上书“景阳”，故郭峪村又称“景阳城”。村中街道分前街、中街、后街3段，现郭峪村保存较好的明清建筑50余座，主要建筑有汤帝庙、豫楼、老狮院、恩进士宅院、小狮院、王重新故居、西院、陈廷敬祖居、申明亭、陈氏牌楼、钟家大院、王家十三院、王维时宅院、张鹏云宅院、范兴荣宅院等。

郭峪城墙长1400米，高约12米，厚5.3米，共有城垛450个、炮楼13座，占地面积17.9万平方米。城墙设东、西、北3个城门，在城墙内壁用砖石修砌窑洞628孔，被专家称为“蜂窝城墙”，城中央有防御建筑“豫楼”，建于明崇祯十三年（1640），计7层，高33.3米，每层5间。西城门内有元代创建、复修于明万历年间规模宏大的汤帝庙。

王维时宅院是郭峪村古建筑群中保存较为完整的宅院建筑。宅院坐北朝南，由外院、东院、西院3个院落组成，占地面积1175平方米。始建年代不详，西院北房据花梁题记记

郭峪村古建筑群全景

载，建于清顺治十二年（1655），东院建筑形制较西院略早，为明代风格。大门为牌楼式，双柱单开间，柱为木柱，门内外分置夹杆石、石鼓、小石狮。门上有两层门额字牌，字牌正面分别书“恩进士”“顺治己亥恩贡王维时”，字牌背面分别书“仁礼传芳”“顺治己亥恩贡王维时”。

郭峪村古建筑群城墙藏兵洞

郭峪村古建筑群王维时宅院大门

海会寺

位置 晋城市阳城县北留镇大桥村西南约500米

时代 明代至清代

类型 古建筑

2006年，被国务院公布为第六批全国重点文物保护单位。

海会寺又名“龙泉寺”“龙泉禅院”。据寺内碑文记载，唐乾宁元年（894）唐昭宗赐额为“龙泉禅院”，五代后周显德年间扩建，宋太平兴国七年（982）宋太宗赐额“海会寺”，金大定二十七年（1187）重修并更名“海会寺”，明、清两代均有重修。现存建筑为明清时期重修。寺坐北朝南，占地面积2.48万平方米，中轴线上由南向北依次为山门、天王殿、药王殿、毗卢阁、大雄宝殿，两侧建有钟鼓楼、十王殿、卧佛殿、观音殿、文武圣君殿等。大雄宝殿为明代建筑，建于高1米的石砌台基上，面阔五间，进深七椽，单檐悬山顶，八檩前廊式构架。

东南方向为塔院，建有宋塔、明塔各1座。宋塔六角十级，高20余米，檐作叠涩式，每层辟有洞门。《大周碑》载“愍公著名律学，为众推重……唐天祐十九年（922）七月五日，顺寂于本院，建塔于院之右”，可知此塔原是纪念愍公高僧之塔，宋代又经修葺。明塔八角十三级，高约50米，为功德主李思孝于明嘉靖四十年（1561）建。第一层前端出单面抱厦，第十层出平座，上置8根擎檐柱，成为高塔中的一层悬空楼阁。塔身各面仿宋塔设有佛龛。

海会寺双塔

海会寺全景

海会寺大雄宝殿正立面

陈廷敬故居

位置 晋城市阳城县北留镇皇城村村南

时代 明代至清代

类型 古建筑

2013年，被国务院公布为第七批全国重点文物保护单位。

陈廷敬故居建于明宣德四年（1429）至清康熙五十三年（1714）之间。故居由内城和外城两部分组成，依山就势而筑，占地面积2万多平方米，另有花园及陈廷敬墓地等附属建筑。

陈廷敬故居内城建于明崇祯六年（1633），平面呈长方形，东西宽71.5米，南北长161.75米，设5道城门。城东筑5层、125间藏兵洞，城北中部建有1座高大堡楼，名曰“河山楼”。楼长11.32米，宽8米，高33.3米，分7层，有墙内梯道或木梯相通，底层深入地下，掘有水井、暗道，备有磨碾等生活设施，是皇城最早的标志性建筑。外城紧依内城西城墙而筑，修建于清康熙二十七年（1688）至四十一年（1702）之间，平面呈正方形，东西宽106米，南北长100米。外城有4座城门，西门为主大门，上设城楼。主要建筑为陈廷敬府邸，又名“大学士第”，其他有御书楼、书房、花园、小姐院、管家院等建筑。陈廷敬墓地位于皇城村北2千米，占地1.6万平方米，主要建筑有石牌坊、御书挽诗碑亭、10通高大的神道碑、石像生、祭亭和陈廷敬墓等，基本保存完好。

陈廷敬故居规模宏大，格局完整，生活、战备设施齐全，建筑历史沿革清楚，是研究同类型历史建筑的重要实例。

陈廷敬故居城墙藏兵洞

陈廷敬故居御书楼正立面

陈廷敬故居全景

阳城文庙

位置：晋城市阳城县县城内东街南城上1号

时代：明代至清代

类型：古建筑

2019年，被国务院公布为第八批全国重点文物保护单位。

阳城文庙创建年代不详，宋代、明代均有修葺，清道光十九年（1839）进行大规模重修，现存建筑为明清建筑。庙坐北朝南，二进院落布局，占地面积1676平方米。原由孔圣庙、文昌阁、明伦堂等建筑组成，现仅存孔圣庙。中轴线上依次分布有棂星门、泮池、过殿、大成殿，两侧有乡贤祠、名宦祠、厢房。棂星门为庙之正门。

大成殿前有月台，石砌台基，高0.7米，中央设双龙戏珠石坡踏步，面阔五间，进深八椽，重檐歇山顶，屋顶饰黄绿釉琉璃脊饰。殿的前、后檐各施圆木柱6根，内有金柱两排8根，东、西山墙还有立柱4根。所用材料粗壮挺拔。柱础为双层覆盆式，柱头并有卷刹。檐下斗栱用材粗大，补间铺作出斜栱。过殿面阔五间，进深四椽，单檐悬山顶，柱头斗栱五踩双昂。阳城文庙布局严谨，形制规整，承载了明清时期的众多人文信息和建筑信息，具有较高的历史文化价值。

阳城文庙大成殿正立面

阳城文庙大成殿梁架

阳城寿圣寺及琉璃塔

位置：晋城市阳城县芹池镇阳陵村东北

时代：明代至清代

类型：古建筑

2019年，被国务院公布为第八批全国重点文物保护单位。

阳城寿圣寺创建于五代后唐时期，宋治平四年（1067）赐额，明、清两代多次重修、增修、补修，现存前殿、琉璃塔为明代建筑，其余皆为清代建筑。寺坐北朝南，二进院落布局，占地面积1333平方米。中轴线上由南而北建有山门（改建）、前殿、琉璃塔、正殿，两侧有厢房、配楼、配殿、耳殿。正殿面阔三间，进深四椽，五檩前廊式构架，单檐悬山顶，顶覆灰筒瓦，殿内为彻上露明造。

琉璃塔为八角十层楼阁式琉璃砖塔，通高约27米，八角攒尖顶，塔刹已毁，各层壁面和龛内嵌有各种琉璃造像，有佛像、十八罗汉、十殿阎君、十大明王及四大佛教名山。塔壁琉璃施以黄、绿、蓝、黑、紫五色彩釉，釉色细腻，为明代琉璃精品。寺内现存宋代，明代碑各1通。

阳城寿圣寺琉璃塔局部

阳城寿圣寺琉璃塔全景

阳城寿圣寺及琉璃塔远景

屯城东岳庙

晋城市阳城县润城镇屯城村东约200米

金代

古建筑

1986年，被山西省人民政府公布为第二批省级文物保护单位。

屯城东岳庙创建年代不详，金承安四年（1199）、泰和八年（1208）、大安二年（1210）及明清时期均有修建，现存天齐殿、东耳殿为金代建筑，余皆为明清建筑。庙坐北朝南，一进院落布局，占地面积1720平方米。中轴线上由南向北依次建有山门、前殿、天齐殿，两侧有耳殿、厢房，西侧有钟楼1座。

天齐殿面阔三间，进深六椽，单檐悬山顶，建于高1.8米的须弥座砂石台基上。殿内梁架结构为四椽栿对前乳栿前后通檐用三柱，彻上露明造，柱头斗栱六铺作三下昂。前檐施方形抹角石柱，东侧柱上有金“承安四年四月十二日”题记，覆莲柱础。东耳殿檐柱上端有“大安二年”题记。

庙内存明代铁钟1口，清代功德碑3通。

屯城东岳庙内景

屯城东岳庙天齐殿

封头汤帝庙拜亭

位置 晋城市阳城县驾岭乡封头村

时代 金代、明代、清代

类型 古建筑

2021年，被山西省人民政府公布为第六批省级文物保护单位。

封头汤帝庙拜亭据柱身题记记载，创建于金大安二年（1210），现存建筑主体形制金代特征明显，梁架、斗栱局部构造明清维修时有更改，整体建筑上金代至清代特征均有显现。拜亭坐北朝南，平面呈正方形，占地面积74平方米。青石台基，四柱单间，进深四椽，单檐歇山顶。补间铺作真昂造，后尾制成挑斡承托平梁，设抹角梁承托老角梁及平梁。补间四铺作单下昂，出昂形耍头，转角四铺作单杪，出蚂蚱头。石柱雕花，东侧柱头刻有“大安岁次庚午六月中旬施石柱壹条李愿谨施”题记，梁架保留彩绘。

封头汤帝庙拜亭正立面

封头汤帝庙拜亭梁架

王曲成汤庙

位置 晋城市阳城县西河乡王曲村

时代 金代、明代、清代

类型 古建筑

2021年，被山西省人民政府公布为第六批省级文物保护单位。

王曲成汤庙创建年代不详，依大殿门枕石“泰和四年岁次甲子正月日本村匠人赵□□”题记及金石资料记载其创建不应晚于金泰和年间，现存建筑为明清遗构。庙坐北朝南，东西横跨两个院落，占地面积1114平方米。西院为主院，中轴线由南向北建有过街门楼、戏台、正殿，两侧有妆楼、耳房、朵殿；东院为偏院，建有东院正房、东院东厢房、东厢房北耳房、南院东厢房、南院西厢房。

正殿位于成汤庙中轴线北端，面阔三间，进深六椽，单檐悬山顶，梁架为五架梁前压双步梁，前廊式建筑，前檐斗栱五踩双下昂里转双翘，无耍头，装修明间设板门，次间直棂窗。戏台位于成汤庙中轴线南端，为倒座戏台，一层下设通道，外设板门；二层面阔三间，进深六椽，单檐悬山顶，前檐斗栱五踩双下昂，龙首形耍头。

王曲成汤庙航拍图

王曲成汤庙正殿正立面

羊泉汤帝庙

位置：晋城市阳城县芹池镇羊泉村

时代：元代至清代

类型：古建筑

2021年，被山西省人民政府公布为第六批省级文物保护单位。

羊泉汤帝庙创建年代不详，正殿门礅石上有元“至治元年（1321）八月一日”“至治元年（1321）十一月”题记，现存正殿为元代遗构，其余皆为明清建筑。庙坐北朝南，一进院落布局，占地面积1299平方米。中轴线上由南向北建有舞台、正殿，两侧有山门、戏台、厢房、耳殿。山门两所，分居舞台左右。院子中间位置原有献亭1座，现已无存。

正殿面阔五间，进深六椽，单檐悬山顶，梁架结构为四椽栿对前乳栿通檐用三柱，殿内为彻上露明造，柱头五铺作单杪单下昂，昂形耍头，补间七铺作。屋面举折平缓，覆灰筒瓦，琉璃脊饰残存，遗存明正德六年（1511）琉璃题记。正殿大梁遗存“大元元贞元年（1295）闰四月”题记。庙内现存北魏造像残碑1通，清乾隆四十四年（1779）重修碑1通、清道光二十三年（1843）重修碑1通。

羊泉汤帝庙正殿正立面

羊泉汤帝庙东厢房正立面

上庄古建筑群

阳城县

位置：晋城市阳城县润城镇上庄村

时代：元代至民国

类型：古建筑

2021年，被山西省人民政府公布为第六批省级文物保护单位。

上庄古建筑群占地总面积约3平方千米，由樊家庄园、王国光故居和王氏家族院落组成。

樊家庄园是经营盐业、典当、钱庄等生意的清末富商、书香世家樊玉麟的宅院。宅院坐北朝南，主要由树德居、图麟院、樊圃等几所院落组成，其中树德居建于明代，其余建筑均为清末至民国年间修建。整个院落以一条南北巷道分隔，总大门居巷道南端。巷道东侧为樊氏宗祠，西侧南为树德居，北为樊圃。树德居、图麟院分别为独立的四合院落，樊圃由马房院、慕陶居、后花园（已毁）组成。

樊氏宗祠位于樊家庄园的最东侧，坐北朝南，一进两院，占地面积579平方米，中轴线上由南至北依次为照壁、倒座（门楼）、二门、正房。正房面阔三间，进深四椽，单檐硬山顶。

王国光故居现存的尚书第、司农第、钦嘉楼、王氏宗祠为明代建筑，教胄府、炉峰院、儒家院、永宁闸为明清建筑，崇仙庵为清代建筑。王氏宗祠坐北朝南，一进院落布局，占地面积345平方米，现存有正房，东、西厢房，东、西耳楼。其中正房，东、西厢房为元代遗构，东、西耳楼为清代建筑。正房面阔三间，进深四椽，单檐悬山顶，四椽栿通檐用二柱，前檐铺作为把头绞项作，明间为板门装修，次间为直棂窗。

上庄古建筑群鸟瞰

上庄古建筑群王国光故居

上伏大庙

位置 晋城市阳城县润城镇上伏村中街中

时代 明代至清代

类型 古建筑

2016年，被山西省人民政府公布为第五批省级文物保护单位。

上伏大庙创建年代不详，据现存清康熙四十二年（1703）碑记记载，元大德六年（1302）重修，明、清两朝屡有修葺，汤帝殿有明代特征，其余皆为清代建筑。庙院坐北朝南，占地面积3375平方米。

大庙由成汤庙、武庙、文庙组成，共有三庙、五院、十六殿，三庙呈倒“品”字形布局，成汤庙居南侧，北侧左、右并列有文庙、武庙，大庙东南角建有三圣阁。

成汤庙中轴线上由南而北建有山门（戏台）、拜亭、汤帝殿，两侧有华门、妆楼、钟鼓楼、看楼、耳殿。文庙、武庙均为三合院布局，南为庙门，北建正殿，东、西各建厢房。汤帝殿面阔五间，进深五椽，六檩前廊式构架，单檐悬山顶，顶覆琉璃筒瓦。

上伏大庙整体规模宏大，布局独特，对研究我国儒、释、道三教合一文化的发展有着重要价值。

上伏大庙成汤庙山门

上伏大庙成汤庙汤帝殿

中庄古建筑群

位置：晋城市阳城县润城镇中庄村

时代：明代至民国

类型：古建筑

2021年，被山西省人民政府公布为第六批省级文物保护单位。

中庄古建筑群占地面积26000平方米，位于可乐山腹地，利用天然山势作为屏障，布局于山谷之中，村落呈东西走向，建筑分布于两山之间地势平坦之处，以庄河为中轴线建造，形成了山环水绕、藏风闭水的建筑格局。南北朝时期此地已形成村落，隋唐时期初具规模，明清时期村落格局基本定型并达到鼎盛，是一座以明代官宅、商宅为主的古建筑群。

街巷整体格局较清晰，可概括为“一条横轴、四条纵轴”“一条横轴”为中庄古街，呈东西方向贯穿全村。沿着主轴自东向西分布有前七宅、后七宅以及棋盘八院、汤帝庙、曹氏宗祠等历史建筑。“四条纵轴”为村东的佛堂沟巷、棋盘八院旁的丁字巷、庙后巷和村西的关沟巷，主要包括汤帝庙、粮仓院、李家大院、张家院、曹家院、卫家院、院新房宅、李养蒙故居、督察府、张公庙等10处院落。

中庄古建筑群鸟瞰

中庄古建筑群白巷里

杨继宗府第

位置 晋城市阳城县河北镇匠礼村

时代 明代至清代

类型 古建筑

2021年，被山西省人民政府公布为第六批省级文物保护单位。

杨继宗府第建于明景泰二年（1451），由杨氏宗祠、上院、中院、进士第、郎官第、牌楼院6个院落组成，总占地面积4772平方米。

杨氏宗祠，创建年代不详，正殿为明代建筑，其余为清代建筑，坐北朝南，三进院落。中轴线由南向北依次为倒座戏台、南棚、正殿。院内东、西两侧建有戏台西耳房、东楼房、西窑房、西偏房及东、西厢房，东、西耳房。正殿面阔五间，进深五椽，单檐悬山顶，梁架为五架梁前对单步梁通檐用三柱，前廊式建筑，明间、次间装隔扇门，梢间装隔扇窗。

进士第，创建年代不详，现为清代建筑，坐北朝南，一进院落布局，中轴线建有北房、南房，两侧建东、西厢房和配房，院门建于南房东侧。郎官第，俗称“高楼院”，创建年代不详，现为清代建筑，坐北朝南，一进院落，院落北高南低，东北角为3层建筑，后于清同治年间改为平台，与杨继宗祠堂相连相通，形成“四大八小”建筑布局。中轴线建北房、南房，两侧建东、西厢房，大门设于院落东南角处。

牌楼院，创建年代不详，现为清代建筑，坐北朝南，一进院落布局，明天启四年（1624）奉祀为杨继宗修建“贞肃公牌坊”，故后人称之为“牌楼院”。中轴线建有院门、正房，两侧建有东、西厢房。现存清同治二年（1863）、光绪二年（1876）碑各1通，碣1方。

杨继宗府第鸟瞰

杨继宗府第进士第

南留成汤庙

位置 晋城市阳城县北留镇南留村

时代 明代

类型 古建筑

2021年，被山西省人民政府公布为第六批省级文物保护单位。

南留成汤庙创建年代不详，据庙内碑刻记载，元延祐二年（1315）重修，明正统十一年（1446）重修正殿、行廊等，并创建山门，现存建筑均为明代遗构。庙坐北朝南，一进院落布局，占地面积1110平方米。中轴线上由南至北建有山门（舞楼）、拜殿、正殿，两侧有妆楼、廊房、配殿、耳殿。

正殿面阔三间，进深四椽，单檐悬山顶，梁架为四架梁前对单步梁通檐用三柱，前廊式建筑，檐下斗栱五踩双下昂，蚂蚱形耍头，装修为后人改制。拜殿面阔三间，进深四椽，单檐悬山顶，梁架为五架梁通檐用二柱，檐下施斗栱三踩单昂，装修为后人改制。院落现存元延祐二年（1315）碣1方，明代碣1方，清代碑2通，清代碣2方。

南留成汤庙鸟瞰

南留成汤庙正殿正立面

中寨成汤庙

位置 晋城市阳城县西河乡中寨村

时代 明代至清代

类型 古建筑

2021 年，被山西省人民政府公布为第六批省级文物保护单位。

中寨成汤庙始建于元中统年间，于明万历三十九年（1611）、天启五年（1625）以及清康熙、雍正、乾隆年间多次维修，现存建筑为明清遗构。庙坐北朝南，一进院落布局，占地面积 1067 平方米。中轴线上由南至北依次建有山门、献殿、拜殿、正殿，山门两侧为东、西掖门，两侧建有东、西耳殿，东、西配殿，东、西厢房，东、西看楼，东、西妆楼。山门门额题有“成汤大庙”四字。

正殿面阔三间，檐下斗栱五踩双下昂，殿内题记记载为清乾隆三十八年（1773）重修。献殿面阔三间，进深四椽，单

中寨成汤庙正殿斗栱

中寨成汤庙鸟瞰

中寨成汤庙正殿正立面

檐悬山顶，梁架为五架梁用二柱，柱头斗栱五踩双下昂，平身科出斜栱。周设8根石柱，柱础石刻狮、象加仰莲，柱身刻施柱人姓名，施砂石质围栏，栏板雕花卉、瑞兽、如意、八宝、“卍”字等，有清同治六年（1867）的修造题记。庙内现存碑6通，碣1方。

望川开明寺

位置：晋城市阳城县润城镇望川村

时代：明代至清代

类型：古建筑

2021 年，被山西省人民政府公布为第六批省级文物保护单位。

望川开明寺创建于隋开皇十四年（594），明正统、弘治，清康熙、乾隆及民国年间先后多次重修、增修、扩建，现存东院藏经楼为明弘治初年所建，三节楼、舍利塔为明代建筑风格，余皆为清代风格。寺坐北朝南，由东、西两组院落组成，占地面积 3792 平方米。东院中轴线上由南向北分布有云中楼、垂花门、藏经楼、三节楼，两侧有东、西厢房，东、西禅房。西院中轴线上建有牌楼门、罗汉殿、大雄宝殿（已不存），两侧有钟、鼓楼，东、西耳殿，东、西厢房等，寺院东南建有舍利塔。东院东侧原有马房院，今不存。

东院藏经楼位于东院院落正中，建于高约 2 米的砂石台基之上，台基前面正中设砂石踏步十数级。楼高两层，重檐歇山顶。一层面阔四间，砌墙建屋，四周围廊，木质廊柱，柱头及补间施斗栱三踩单下昂，前后檐明间设板门，次间砖拱窗。二层面阔三间，进深四椽，梁架为五架梁通檐用四柱，周设回廊，柱头及补间斗栱五踩双下昂，木制楼栏，圆形木柱，角柱明显可见侧脚收分，前檐、后檐的明间、次间均为隔扇门。楼内一层东侧靠墙设木质楼梯可登二层。

望川开明寺鸟瞰

望川开明寺藏经楼正立面

舍利塔位于开明寺外东南约100米，明代风格。塔高约10米，砖制，五层六角密檐式钟形塔顶建筑。塔身一层正面设塔门，二至四层每面均设佛龛，三、五层周施仿木构挑檐、回廊、立柱、围栏，五层各面分别刻字“南无阿弥陀佛”。寺内现存碑碣16通（方）。

屯城古建筑群

位置　晋城市阳城县润城镇屯城村

时代　明代至清代

类型　古建筑群

2021年，被山西省人民政府公布为第六批省级文物保护单位。

屯城古建筑群由关帝庙、文昌庙、郑家祠堂及吉家庆老院、刘兵文院、郑家东院等13处明清时期民居院落组成。

文昌庙位于屯城古建筑群北，创建年代不详，现仅存大殿1座，清代遗构，占地面积53平方米。大殿面阔三间，进深五椽，单檐悬山顶，梁架为五架梁前单步梁，前廊式建筑，前檐柱头斗栱一斗二升，装修明间隔扇门，次间直棂窗。

郑家祠堂创建年代不详，为供奉屯城古建筑群内元代重臣郑皋、郑鼎、郑制宜3人而建，现仅存建筑1座为清代遗构，坐北朝南，占地面积66平方米。祠堂面阔三间，进深四椽，单檐悬山顶，四架梁前对抱头梁通檐用二柱，檐下未设斗栱，明间装修设板门，次间设直棂窗，门窗上部起拱券。屯城古建筑群现存匾额13块，元代石碑1通，明代石碑2通，清代石碑16通。

屯城古建筑群历史悠久，院落以宗族血脉为联系纽带，占地较广、规模较大，建筑等级分明、功能分布清晰，整体择址选形考究。

屯城古建筑群鸟瞰

潘沟关帝庙

位置 晋城市阳城县润城镇李街村潘沟自然村

时代 清代

类型 古建筑

2021年，被山西省人民政府公布为第六批省级文物保护单位。

潘沟关帝庙古称“潘沟大庙”，创建年代不详，据庙内碑文记载重修于明天启七年（1627），现存建筑为清代遗构。庙坐东朝西，一进院落布局，占地面积967平方米。中轴线由西向东依次建有照壁、倒座戏台、拜殿、关帝殿，戏台两侧建有妆楼，庙院南、北两侧建有观音阁、祖师殿、夫子殿、五谷殿、关帝殿、牛王殿、高禖殿、蚕姑殿。山门居庙院西北，朝北开设，门对面为砖雕照壁。

倒座戏台一层为通道，二层面阔三间，进深四椽，单檐悬山顶，通檐用三柱。檐下斗栱五踩双下昂，云形耍头。拜殿面阔三间，进深四椽，单檐歇山顶，五架梁通檐用二柱。檐下斗栱三踩单下昂，龙形耍头。

潘沟关帝庙鸟瞰

潘沟关帝庙戏台正立面

刘西府君祠

位置　晋城市阳城县芹池镇刘西村

时代　清代

类型　古建筑

2021年，被山西省人民政府公布为第六批省级文物保护单位。

刘西府君祠创建于五代后唐天成年间，戏台石柱和正殿座后分别有金大定、元至元年间题款，明成化和清道光、咸丰年间曾经有过重修、补修，现存建筑为清代遗构。祠坐北朝南，一进院落布局，占地面积1463平方米。中轴线上由南向北建有影壁、戏台、拜亭、正殿，两侧有妆楼，看楼，东、西厢房，东、西偏殿，山门建于戏台两侧。

正殿面阔五间，进深六椽，单檐悬山顶，梁架为五架梁前双步梁通檐用三柱，前檐柱头斗栱三踩单下昂，平身科出斜栱，装修施隔扇门、槛窗。拜亭面阔、进深各三间，单檐歇山顶，梁架为五架梁通檐用四柱，柱头斗栱三踩单下昂。现存石碑6通。

刘西府君祠拜亭

刘西府君祠东厢房

塔水河遗址

位置 晋城市陵川县夺火乡塔水河村

时代 旧石器时代

类型 古文化遗址

2006年，被国务院公布为第六批全国重点文物保护单位。

塔水河遗址位于陵川县夺火乡塔水河村“葫芦坝”，太行山东南的塔水河上游左岸“Z”字形拐弯处。

1985年至1987年，在从上到下出露的约11米的堆积中，出土了人类头盖骨化石及大量的哺乳类动物化石、石制品、灰烬层、烧骨、破碎骨片等，通过研究证明塔水河遗址为距今2.6万年左右的旧石器时代晚期遗址。

塔水河遗址为岩洞类型的岩棚遗址。该遗址的岩棚沿河长约35米，底部内深10米。遗址内出土的石制品主要用锤击法打制，由黑色燧石制作而成。器类有刮削器、尖状器和锥钻器等，反映了当时以狩猎为主、采集为辅的经济生活。与此同时还发现了3层灰烬层和大量破碎骨片烧骨，说明火在塔水河人生活中起着重要作用。遗址一带山地由奥陶系石灰石构成，河谷两岸悬崖峭壁，灌木丛生，植被茂密，至少可观察到五级阶地。出土化石的动物有犀牛、马鹿、斑鹿、岩羊和绵羊。

塔水河遗址全景

塔水河遗址出土动物化石

小会岭二仙庙

位置 晋城市陵川县附城镇小会村东南约800米

时代 宋代至清代

类型 古建筑

2001年，被国务院公布为第五批全国重点文物保护单位。

小会岭二仙庙创建年代不详，根据庙内现存《二仙醮盆记文》推断，至少在宋嘉祐八年（1063），二仙庙就已存在。清道光十三年（1833）、1922年重修，现存正殿为宋代建筑，其余为明清建筑。庙坐北朝南，一进院落布局，占地面积为1270平方米。中轴线上依次为舞楼（山门）、献厅、正殿，东、西两侧分布有垛楼、廊房、配殿、耳殿。

正殿为宋代建筑，面阔三间，进深六椽，单檐歇山顶，梁架结构为五椽栿对后劄牵，结构严谨，用材粗大，柱头铺作单杪单下昂五铺作。殿内梁架为五椽栿对后劄牵通檐用三柱。献殿为清代建筑，台基高0.4米，面阔三间，进深五椽，

小会岭二仙庙舞楼

小会岭二仙庙献殿正立面

小会岭二仙庙远景

梁架结构为六架梁通达前后檐用二柱，单檐卷棚布瓦顶，四周敞开。

东、西耳殿殿内后檐、两山及山尖存卷轴水墨壁画约45平方米，具有较高的艺术价值。

南、北吉祥寺

位置：晋城市陵川县礼义镇西街村中

时代：宋代至清代

类型：古建筑

1996年，被国务院公布为第四批全国重点文物保护单位。

北吉祥寺，据寺内存碑记载，原名“什柱院”，创建于唐大历年间，宋太平兴国三年（978）赐额“北吉祥院”，元至元十六年（1279）、明洪武十八年（1385）、清康熙四十一年（1702）屡有修葺，现存建筑前殿、中殿为宋代遗构，其余皆明清建筑。寺院坐北朝南，占地面积2445平方米，规模宏敞，布局严谨，原有三进院落。中轴线上现存前殿、中殿、后殿，两侧为掖门、厢房、配殿、禅房、耳殿。前殿为宋代建筑，面阔三间，进深六椽，单檐歇山顶，屋顶举折平缓，出檐深远，梁架结构为四椽栿后压乳栿，檐下斗栱五铺作单杪单下昂。中殿为宋代建筑，面阔三间，进深六椽，单檐悬山顶，梁架结构为四椽栿后压乳栿，檐下斗栱五铺作双杪，无补间，明间檐柱为梭柱。

北吉祥寺鸟瞰

南吉祥寺正殿正立面

北吉祥寺正殿正立面

南吉祥寺坐北朝南，二进院落布局，占地面积2906平方米。据寺内现存碑刻记载，唐贞观年间奉敕修建，初在平川村东南宋家川，宋天圣八年（1030）迁至今址。元、明、清各朝均有重修，现存过殿为宋代遗构，正殿为元代遗构，其余为明清建筑。寺院规模完整，中轴线上有山门（天王殿）、过殿、正殿，两侧为耳楼、廊房、厢房、配殿、耳楼。过殿面阔三间，进深六椽，单檐歇山顶，梁架结构为六椽栿通达前后檐，檐下斗栱为五铺作单杪单下昂，昂为批竹形，里转五铺作偷心造。后殿面阔五间，进深六椽，单檐悬山顶。殿内保存元、明、清各代碑10余通。

寺润三教堂

位置：晋城市陵川县杨村镇寺润村中

时代：金代

类型：古建筑

2006年，被国务院公布为第六批全国重点文物保护单位。

寺润三教堂创建年代不详，现存建筑为金代风格。寺润三教堂为单体建筑，坐北朝南，占地面积161平方米，建于高1.4米的石砌台基上，面阔三间，进深六椽，重檐歇山顶，琉璃脊饰。一层出廊，檐下斗栱四铺作单下昂，昂形耍头。灰色筒板瓦铺制屋顶，四角柱侧脚明显，梁架结构为四椽通檐用二柱，前檐当心间施板门。石台前刻有“重修石台袁世节施舍石窝”题记，无年号留存。

寺润三教堂是“三教合一”的早期古代单体建筑，是寺润村村民三教信仰的物质载体、社会民俗活动的场所之一，体现了晋东南地区当时的社会传统信仰观念。从其外观形式及内部梁架结构来判断，为金代所建，与国内其他金代建筑相对照，其建筑结构技术和建造手法是山西晋东南地方金代建造技术的真实体现，为进一步研究山西金代建筑提供了可靠的实物例证，具有较高的建筑史研究价值。

寺润三教堂远景

三圣瑞现塔

三圣瑞现塔近景

三圣瑞现塔塔内佛龛

2006年，被国务院公布为第六批全国重点文物保护单位。

三圣瑞现塔创建于隋代，原为藏舍利而建，重建于金大定六年（1166），大定九年（1169）完工。据塔内《骷髅和尚记》碑记载：“大定六年，舜都骷髅和尚行化至此，曾从昭庆院西掘出一只石龟，中藏肉髮珠一粒，背刊‘古禅寺三圣瑞现塔’，复刊‘隋仁寿元年僧丰彦藏字’。于是骷髅和尚便将旧得舍利和石龟同藏于下，并建塔在其上面。大定九年工程告竣。”

塔平面为正方形，边长6米，共14层，高约30米。塔身为砖砌筑，每层叠涩出檐，从第二层起塔身回收，层高骤减，遂成叠涩密檐式。塔正面各层均有通风窗口。塔身第一、第二、第五层檐下有砖砌普拍枋、斗栱等仿木构件。三圣瑞现塔是我国辽金时期密檐式砖塔的典型代表。

位置 晋城市陵川县西河底镇积善村

时代 金代

类型 古建筑

西溪二仙庙

位置：晋城市陵川县崇文镇岭常村西约1000米

时代：金代至清代

类型：古建筑

2001 年，被国务院公布为第五批全国重点文物保护单位。

西溪二仙庙创建年代不详，据庙内现存碑碣记载，金、元、明、清、民国历代均有修葺，现存正殿，东、西梳妆楼为金代建筑，其他为明清建筑。庙坐北朝南，二进院落布局，占地面积 2954 平方米。中轴线上依次建有山门（舞楼）、献殿、中殿、正殿，两侧有掖楼、廊房、梳妆楼、配殿、耳殿。

正殿为金代建筑，面阔三间，进深六椽，单檐歇山顶，梁架结构为四椽栿前压乳栿通檐用三柱，前檐斗栱五铺作，双昂。

山门建于清康熙年间，面阔三间，进深两间，前廊式悬

西溪二仙庙全景

西溪二仙庙正殿正立面

山顶，上建戏楼3间。中殿重建于明洪武十八年（1385），清乾隆年间重修，面阔三间，进深六椽，单檐歇山顶。殿前设拜亭。拜亭面阔三间，进深二间，单檐卷棚顶。

梳妆楼为金代二层三檐歇山顶楼阁式建筑，位于二进院东、西两侧，面阔、进深各三间，平面形制为正方形，副阶周匝。上、下层间有回廊，廊下置平座，于檐间设勾栏，结构独特。寺内还保存历代碑碣20余通（方）。

西溪二仙庙西梳妆楼

龙岩寺

晋城市陵川县礼义镇梁泉村中

金代、明代

古建筑

2001年，被国务院公布为第五批全国重点文物保护单位。

据寺内现存碑碣记载，龙岩寺创建于唐总章二年（669），原名“龙泉寺”，金天会七年（1129）重修中殿，金大定三年（1163）赐名“龙岩寺”，现存中殿为金代建筑，其余为明代风格建筑。寺坐北朝南，分为上、下两院，占地面积1863平方米。中轴线上原有山门，现仅存中殿、后殿，两侧有廊房、厢房、配房、耳殿。

龙岩寺鸟瞰

龙岩寺中殿正立面

龙岩寺后殿

中殿为金天会七年（1129）所建，面阔三间，进深六椽，单檐歇山顶，梁架结构为四椽栿后压乳栿，檐下斗栱为五铺作单杪单下昂，昂为琴面形。四周檐柱石质，柱础均为覆盆式，刻有宝装莲瓣花饰。后殿面阔五间，进深六椽，单檐悬山顶，檐下斗栱为五铺作单杪单下昂。正殿前檐下保存有金代碑2通，一为金大定二十五年（1185），一为金天会三年（1125），记载了龙岩寺的历史沿革，碑文以草、篆、隶、楷、行等多种字体书丹，书写流畅，刻工精湛，具有较高的书法艺术价值。

北马玉皇庙

位置 晋城市陵川县附城镇北马村中

时代 金代、清代

类型 古建筑

2013年，被国务院公布为第七批全国重点文物保护单位。

北马玉皇庙创建年代不可考，据庙内碑刻记载，明万历二十一年（1593）重修山门、廊房，清乾隆五十九年（1794）重修廊房、耳殿。现存正殿为金代建筑，其他为清代建筑。庙坐北朝南，占地面积859平方米，一进院落布局，中轴线上原有山门（现已被改制），现仅存正殿，两侧分别有廊房、耳殿。正殿位于石砌须弥座台基之上，面阔五间，进深六椽，单檐悬山顶，梁架结构为五椽栿压耍头通檐用两柱，托脚过平梁头抵槫，叉手与双层丁华抹颏栱相交直抵脊槫。前檐檐柱全部为梭柱，梁架结构简洁严谨，用材粗大。前檐斗栱为七铺作单杪三下昂，无补间。殿内斗栱里转三杪，重栱计心造，下昂后尾压于六椽栿下。

北马玉皇庙建筑布局基本保持完整，正殿大木作形制规矩，尤其是七铺作斗栱在金代建筑中较为少见，是研究金代建筑珍贵的实物资料。

北马玉皇庙正殿正立面

北马玉皇庙正殿斗栱

北马玉皇庙正殿内景

崔府君庙

位置：晋城市陵川县礼义镇北街村中

时代：金代至明代

类型：古建筑

2001年，被国务院公布为第五批全国重点文物保护单位。

崔府君庙始建于唐代，金大定二十四年（1184）重修，明洪武二年（1369）及清末均有修葺。现存山门为金代建筑，其余为明清建筑。庙坐北朝南，二进院落布局，占地面积3015平方米。中轴线上有山门、舞楼、献亭、正殿，两侧有厢房、廊房、耳殿、朵殿。正殿面阔五间，七檩前出廊，单檐悬山顶。

山门为楼阁式建筑，面阔三间，进深六椽，重檐歇山顶，梁架结构为六椽栿通达前后檐，上层檐下斗栱为五铺作单杪单下昂。山门为金时原构，上层施平座及勾栏，梁架规整简洁，屋顶琉璃为明代补制，色彩鲜丽劲秀。下层砖砌高台，中柱上装青石门框及板门，门框上线刻花纹，图案秀美。这种高台以上的门庑或殿宇实物中少有，常见于敦煌壁画中，是我国古代建筑的杰作，具有较高的历史价值、科学价值和艺术价值。

崔府君庙全景

崔府君庙正殿

崔府君庙山门正立面

玉泉东岳庙

位置：晋城市陵川县附城镇玉泉村东约100米

时代：金代至清代

类型：古建筑

2006年，被国务院公布为第六批全国重点文物保护单位。

玉泉东岳庙创建年代不详，明万历七年（1579）和清顺治十七年（1660）、乾隆三十五年（1770）、道光十二年（1832）曾多次修缮。庙坐北朝南，一进院落布局，占地面积2432平方米。中轴线上现有舞楼（山门）、拜殿、正殿，两侧分布有妆楼、廊房、耳殿，配院。现存正殿、东耳殿为金代建筑，其余为明清建筑。正殿面阔三间，进深六椽，单檐歇山顶。梁架结构为四椽栿前压乳栿，檐下斗栱为四铺作单下昂。

玉泉东岳庙是国内始建较早的东岳庙，是我国泰山及泰山神崇拜形成的重要物证。其现存文物建筑体现出金代至清

玉泉东岳庙全景

玉泉东岳庙正殿

玉泉东岳庙舞楼（山门）

代不同时代的典型传统建筑特征。历代修缮及格局演变历史层次清晰，是我国建筑史上木结构建筑发展变迁的典型实例之一。玉泉东岳庙现存文物建筑布局合理，疏朗有序，各座建筑建造手法特征多样，体现出很强的空间构成美和造型美、形式美。既能体现出不同时期该地区的建造技艺，同时也具有很高的艺术价值。作为玉泉村的主庙，玉泉东岳庙对其周边社区也具有重要的社会价值。

石掌玉皇庙

位置　晋城市陵川县路城镇石掌村

时代　金代至清代

类型　古建筑

2006年，被国务院公布为第六批全国重点文物保护单位。

石掌玉皇庙创建年代不详，明、清、民国各代曾多次进行维修，现存正殿为金代建筑，其余为清代风格建筑。庙坐北朝南，依地势分为三层院落，占地面积1438平方米。中轴线上为舞楼（山门）、正殿，两侧为妆楼、看楼、夹楼、厢房、配殿、耳殿。

正殿面阔三间，进深六椽，单檐歇山顶，梁架为前乳栿对四椽栿通檐用四柱，檐下斗栱四铺作单下昂，明间置板门，次间置直棂窗。建筑用材粗大，具有典型的金代风格。

舞楼平面布局呈长方形，分上、下两层，下层有南北通道供行人通行。面阔三间，通檐用四柱。柱子为石柱，不施斗栱，柱间雀替刻做龙形，雕刻精细。舞楼为悬山顶，灰筒瓦覆盖，绿色琉璃瓦剪边，正脊南立面为凤凰、莲花图案，北立面是3组二龙戏珠图案，垂脊置兽、龙及仙人等。

石掌玉皇庙全景

石掌玉皇庙舞楼（山门）

石掌玉皇庙正殿正立面

白玉宫

位置 晋城市陵川县潞城镇郊底村西

时代 金代至清代

类型 古建筑

2006年，被国务院公布为第六批全国重点文物保护单位。

白玉宫创建年代不详，据宫内金崇庆元年（1212）碑记载，金大安至崇庆年间曾重修白玉宫，之后历代迭有修葺：明嘉靖二十三年（1544）重修殿宇；大顺永昌元年（1644）创修正殿及东、西耳殿，1921年增修山门、舞台及两侧耳楼，1997年村民集资补修过殿及正殿。现存中殿为金代遗构，其余为明代、清代、民国建筑。

白玉宫坐北朝南，三进院落，占地面积2516平方米。中轴线上现存舞楼（山门）、三仙殿、中殿、后殿，两侧为朵殿、僧楼、廊房、耳殿。中殿面阔三间，进深四椽，单檐歇山

白玉宫中殿梁架

白玉宫鸟瞰

白玉宫中殿正立面

顶，琉璃剪边，梁架结构为三椽栿对前劄牵，柱头斗栱为四铺作单昂，前檐柱为方形抹角石柱。庙内存碑 7 通，碣 4 方。

白玉宫的玉皇殿为陵川地区少有的具有明确纪年的金代单体木结构建筑，其反映的建筑形制是该地区金代晚期建筑的标尺，是研究晋东南早期木结构建筑发展史的重要实例。白玉宫原名“东海神祠”，是内陆为数不多的祭祀东海神的庙宇，是补充我国金代及以前祭祀东海神的历史发展过程的重要研究资料。白玉宫三身佛殿内的题记使用的是大顺政权的“永昌”年号，该年号为明末农民起义军李自成所建立政权的年号，由于时间短暂且使用地域不广，在建筑上留下的年号并不多，尤其是在晋东南地区十分少见。这一现象是研究该段历史对晋东南地区影响的重要证据之一。

南神头二仙庙

位置：晋城市陵川县路城镇石圪峦村南神头

时代：金代至清代

类型：古建筑

2006年，被国务院公布为第六批全国重点文物保护单位。

南神头二仙庙创建年代不详，据庙内保存碑记记载，清康熙十七年（1678）、道光二年（1822）曾重修。庙坐北朝南，一进院落布局，占地面积995平方米。中轴线上原有舞楼、正殿，舞楼后被毁，现仅存正殿，两侧有廊房、耳殿。现存正殿为金代遗构，其余为明清建筑。

正殿面阔三间，进深六椽，单檐歇山顶，正脊为瓦条垒砌，梁架结构为四椽栿前压乳栿，柱头斗栱五铺作单杪单下昂。普拍枋、阑额至角柱处出头，构成稳定的木结构框架体系。正面当心间施板门，两次间施直棂窗，余皆砌墙。上部覆有单檐九脊歇山顶。殿内两侧山墙现存清代二仙信仰题材壁画，同类题材壁画在晋东南地区较为少见，具有重要的研究价值。

南神头二仙庙正殿斗栱

南神头二仙庙全景

南神头二仙庙正殿正立面

南召文庙

位置：晋城市陵川县平城镇南召村中

时代：元代至清代

类型：古建筑

2013年，被国务院公布为第七批全国重点文物保护单位。

南召文庙创建年代不详，据庙内存碑记载，明洪武二十二年（1389）、清道光四年（1824）曾重修，现存正殿为元代遗构，其余建筑为明清风格建筑。文庙为一进院落，占地面积897平方米。中轴线上现有舞楼（山门）、正殿，两侧分布有影壁、妆楼、看楼、耳殿。

正殿面阔五间，进深六椽，单檐悬山顶，梁架结构为四椽栿后压乳栿通檐用四柱，殿内采用减柱造。梁架结构简洁严谨，用材粗大。檐下斗栱为四铺作单昂，昂形耍头。舞楼（山门）面阔三间，进深四椽，单檐硬山顶。南召文庙前有一平台，东、西两边是两面影壁兼围墙，东影壁刻“鹿鸣呈祥”，西影壁刻“麟吐玉书”。庙内现存碑3通。南召文庙建筑格局保存较为完整，正殿元代建筑特征比较明显，庙内保存有精美木雕，具有较高的历史文化价值。

南召文庙正殿梁架

南召文庙舞楼（山门）正立面

南召文庙正殿

崇安寺

位置 晋城市陵川县崇文镇城西社区古陵路

时代 元代至清代

类型 古建筑

2006年，被国务院公布为第六批全国重点文物保护单位。

崇安寺创建年代无考，古称“凌烟寺”，唐代初名“丈八佛寺”，宋太平兴国元年（976）赐名“崇安寺”，明代、清代均有修葺。现存西插花楼为元代风格，其他建筑为明清风格。中轴线上有山门、过殿、正殿、佛龛，两侧有钟楼、鼓楼、掖门、廊房、插花楼、影壁。

山门为明代建筑，面阔五间，进深六椽，平面形制为长方形，屋顶形制为二层三重檐歇山顶，屋面为灰色筒板瓦，正脊为彩色龙吻图案对峙，彩色琉璃剪边，大门仍用宋代青石门框，门框上刻“嘉祐辛丑六月三日”等字样。过殿面阔五间，进深六椽，单檐歇山顶，七檩前出廊式构架，檐下斗栱五踩双翘。正殿面阔五间，进深七椽，单檐悬山顶，八檩前出廊式构架，檐下斗栱五踩双翘。正殿两侧各有影壁1座，后有佛龛1个，龛内雕刻有一佛、二弟子、二菩萨像。西插花楼位于过殿西侧，为元代遗构，平面形制为正方形，面阔、进深均为三间，二层三重檐歇山顶建筑。钟楼内悬有铸于宋徽宗崇宁元年（1102）铁钟1口。

崇安寺山门背立面

崇安寺正殿正立面

崇安寺是晋东南地区早期寺庙建筑的杰出代表，是研究晋东南地区佛教文化、建筑发展历史和建筑文化传统的重要实例。寺院始建年代久远，建筑规模宏大，格局富于古韵，殿宇气势恢宏且具有地方特色，彩画装饰精美，具有极高的历史、科学和艺术价值。

崇安寺鸟瞰

田庄全神庙

陵川县

位置 晋城市陵川县附城镇田庄村中

时代 元代至清代

类型 古建筑

2019年，被国务院公布为第八批全国重点文物保护单位。

田庄全神庙创建年代不详，据正殿西山墙现存石碣记载，明万历三十九年（1611）重修。庙坐北朝南，一进院落布局，占地面积548平方米。现存正殿为元代风格，其他为明清遗构。中轴线上原有舞楼（已被改制），现仅存正殿，两侧分布有钟鼓楼、廊房、耳殿。正殿面阔三间，进深六椽，单檐悬山顶，殿内梁架为四椽栿压前乳栿通檐用三柱，前檐斗栱五铺作双下昂，昂为琴面式，补间隐刻斗栱。

田庄全神庙从选址、布局、建筑结构和建造工艺反映了元、明、清历史时期该区域的建筑技术水平，具有一定的科学价值。正殿为元代建筑，其梁架用材自然朴素，屋顶举折平缓，梁架结构简洁严谨，内柱卷刹明显，具有典型的早期

田庄全神庙正殿斗栱

田庄全神庙鸟瞰

田庄全神庙正殿正立面

建筑风格，是晋东南地区元代建筑中一处典型而又独特的实例，有较高的历史和文化价值。田庄全神庙是全国全神庙中年代较早的一座，对研究我国全神庙的发展、演变过程具有较高的价值。

白陉古道

位置：晋城市陵川县马圪当乡横水村至双底村

时代：明代至清代

类型：古文化遗址

2021 年，被山西省人民政府公布为第六批省级文物保护单位。

白陉是太行八陉第三陉，全长 50 余千米，沿途经过 2 个省、4 个乡镇、16 个行政村及自然村。白陉古道现存最完整的一段位于陵川县马圪当乡横水村至双底村之间，总体走向呈东西向，长约 4 千米，宽 2—3 米，主要由“行颠第一桥”、古道、山神庙等构成。白陉古道创建年代无考，现存明嘉靖十四年（1535）重修碑记，以及清乾隆、嘉庆年间重修山神庙碑记。白陉古道是古代晋豫两地人员往来和物资交流的重要通道，承载着政治、经济、军事和文化的巨大功能，对研究古代道路、经济、军事等历史具有重要的价值。

白陉古道局部

白陉古道入口

白陉古道 72 拐鸟瞰

西尧观音殿

位置：晋城市陵川县礼义镇西尧村

时代：元代

类型：古建筑

2021年，被山西省人民政府公布为第六批省级文物保护单位。

西尧观音殿创建年代不详，现存建筑为元代遗构。整个建筑坐南朝北，占地面积44平方米。观音殿面阔三间，进深四椽，单檐悬山顶。梁架结构为三椽栿压前劄牵通檐用三柱，前檐铺作为四铺作单下昂，出耍头，明间置补间铺作，明间辟板门（门扇不存），次间置直棂窗。内柱为梭柱，梭柱上置襻间铺作。观音殿前檐檐柱与金柱皆为石质方柱，檐柱下为四边形柱础石，其石柱、铺作、梁架形制、柱础的雕刻手法等均显现出鲜明的早期建筑特征。

西尧观音殿鸟瞰

西尧观音殿梁架

德义先师庙

位置：晋城市陵川县秦家庄乡德义村

时代：元代、清代

类型：古建筑

2021年，被山西省人民政府公布为第六批省级文物保护单位。

德义先师庙创建年代不详，据正殿所嵌石碣记载，元至正九年（1349）和明正德十一年（1516）、万历十九年（1591）曾重修，现存正殿为元代遗构，其余为清代建筑。庙坐北朝南，二进院落布局，占地面积376平方米。中轴线上建有山门、南殿、正殿，东、西两侧为东、西耳楼，东、西廊房。

正殿位于二进院中轴线北端，面阔五间，进深六椽，单檐硬山顶，梁架结构为四椽栿压后乳栿通檐用三柱，前檐铺作为五铺作双下昂，装修明间施板门，次间置直棂窗。

南殿位于二进院中轴线南端，面阔三间，进深五椽，单檐灰硬山顶，梁架为五架梁前单步梁，檐下柱头斗栱为一斗二升，单步梁头为龙首形耍头，置于坐斗之上，装修明间设板门，次间置直棂窗。

德义先师庙鸟瞰

德义先师庙正殿正立面

南庙宫

位置　晋城市陵川县路城镇东掌村南300米

时代　明代

类型　古建筑

2004年，被山西省人民政府公布为第四批省级文物保护单位。

据庙内存碑记载，南庙宫创建于北宋，清乾隆五十九年（1794）河水泛滥冲毁寺庙后于嘉庆十三年（1808）重建，光绪二十年（1894）曾进行维修，现存为明清风格建筑。南庙宫坐北朝南，三进院落布局，占地面积1243平方米。中轴线上依次为舞楼（新建）、中殿、后殿，两侧为耳楼、厢房（新建）、耳殿。中殿面阔五间，进深四椽，五檩前出廊，单檐硬山顶。后殿又名“三仙殿”，面阔三间，进深五椽，单檐硬山顶，六檩前出廊，殿内东、西、北壁绘有山水、人物、渔猎、农耕等主题的壁画10余平方米。

南庙宫鸟瞰

南庙宫后殿正立面

附城陵邑会馆

位置　晋城市陵川县附城镇附城村

时代　清代

类型　古建筑

2021年，被山西省人民政府公布为第六批省级文物保护单位。

附城陵邑会馆创建年代不详，现存建筑为清代遗构。据会馆内碑文记载，会馆建于清道光十年（1830），道光三十年（1850）完工。会馆坐西朝东，三进院落布局，总面积2332平方米。中轴线从东向西依次为戏台、过殿、正殿，两侧为一进院大门，一进院南厢房，一进院西偏房，二进院南、北妆楼，二进院南、北廊房，二进院南、北偏房，三进院南、北月亮门，三进院南、北廊楼，三进院南、北耳楼。

正殿位于会馆中轴线西端，坐西朝东，面阔三间，进深六椽，单檐悬山顶前廊建筑，梁架为五架梁前双步梁通檐用三柱，檐下柱头斗栱五踩双下昂，出蚂蚱头，平身科出斜昂，明间装修设隔扇门，次间置格子窗。过殿坐西朝东，面阔三间，进深六椽，单檐悬山顶前后廊式建筑，梁架为五架梁前后单步梁，檐下斗栱均为三踩单翘，出耍头。

附城陵邑会馆正殿正立面

附城陵邑会馆鸟瞰

礼义会馆

位置 晋城市陵川县礼义镇北街村

时代 清代

类型 古建筑

2021年，被山西省人民政府公布为第六批省级文物保护单位。

礼义会馆创建于清道光十一年（1831），现存建筑为清代风格。会馆坐北朝南，二进院落布局，占地面积1365平方米。中轴线上由南向北建有戏台、过殿、正殿，两侧为东、西妆楼，东、西廊房，东、西耳楼。

正殿面阔三间，进深五椽，单檐悬山顶前廊式建筑，梁架为五架梁前单步梁通檐用三柱，檐下柱头斗栱三踩单下昂，出耍头，明间、次间装修均为隔扇门。过殿位于正殿与戏台之间，面阔三间，进深四椽，梁架五架梁通檐用二柱，檐下柱头斗栱三踩单下昂，出耍头，明间装修为隔扇门，次间置隔扇窗。

礼义会馆鸟瞰

礼义会馆正殿正立面

杨村玉皇观

位置：晋城市陵川县杨村镇杨村

时代：清代

类型：古建筑

2021年，被山西省人民政府公布为第六批省级文物保护单位。

杨村玉皇观创建年代不详，据观内碑文记载，清道光十二年（1832）至二十年（1840）重修，现存建筑为清代风格。整个院落坐北朝南，一进院落布局，占地面积1037平方米。中轴线上由南向北依次为戏台、正殿，东、西两侧为配房、配殿、耳殿。

正殿面阔七间，进深七椽，单檐硬山顶前廊式建筑，檐下柱头科为五踩重翘，平身科出斜栱，装修为隔扇门窗。戏台面阔五间，进深六椽，单檐歇山顶，通檐用三柱，檐下柱头科为三踩单翘，平身科出斜栱。观内现存有清代木雕、石雕及彩绘。

杨村玉皇观戏台正立面

杨村玉皇观正殿正立面

黄庄节孝牌坊

位置 晋城市陵川县西河底镇黄庄村

时代 清代

类型 古建筑

2021年，被山西省人民政府公布为第六批省级文物保护单位。

黄庄节孝牌坊创建年代不详，现存建筑为清代风格，坐北朝南，单体建筑，占地面积15平方米。节孝牌坊建于青石台基之上，四面均为条石压沿，地面条石铺墁。牌坊砂石材质，四柱三楼单檐九脊歇山顶建筑。柱上施斗栱为三踩单翘出斜栱，斗栱承托屋面。屋面筒瓦、正吻、正脊、垂兽、垂脊、戗兽、戗脊均为砂石雕刻。牌坊上正面书“恩荣”“节孝兼全”“皇清旌长节妇待赠登侍郎杜怀典之妻冯氏”，左、右两侧分别书“龙章”“宠锡”，背面左、右两侧分别书“彤管”“流辉”。

黄庄节孝牌坊正立面

积善遇真观

位置 晋城市陵川县西河底镇积善村

时代 清代

类型 古建筑

2021年，被山西省人民政府公布为第六批省级文物保护单位。

积善遇真观创建于元至元十七年（1280），历经修葺，现存建筑为清代风格。整个建筑坐北朝南，分为东、西两院，占地面积2717平方米。西院为主院，中轴线上由南向北建有舞楼、正殿，两侧依次为东、西偏房，东、西妆楼，东、西掖门，东、西夹室，东、西廊房，东、西耳殿；东院中轴线由南向北依次为南殿、关爷殿，两侧依次为南殿东耳房，大门，关爷殿东、西耳房。

正殿位于遇真观西院北端，坐落于青石台基上，坐北朝南，面阔三间，进深七椽，单檐悬山顶，梁架为七架梁前单步梁通檐用三柱，前廊式建筑。前檐柱头斗栱五踩双下昂，龙首形耍头，平身科出斜栱，明间、次间装修均为隔扇门。舞楼为二层建筑，一层面阔三间，后檐施抱厦，单檐单坡悬山顶，明间为西院院门，设板门；二层面阔三间，进深四椽，单檐悬山顶，梁架为五架梁通檐用二柱，前檐柱头斗栱三踩单下昂，出耍头，平身科出斜栱，柱间镂空木雕雀替。

观内现存元、明、清、民国各代碑5通，明清时期碣3方。

积善遇真观舞楼正立面

积善遇真观正殿正立面

苏村唐太宗庙

位置 晋城市陵川县礼义镇苏村

时代 清代

类型 古建筑

2021 年，被山西省人民政府公布为第六批省级文物保护单位。

苏村唐太宗庙始建于金皇统九年（1149），历经修葺，现存建筑为清代风格。庙坐北朝南，一进院落布局，占地面积 942 平方米。中轴线上由南向北建有山门、正殿，两侧依次为山门东、西耳楼，东、西廊房，东、西过廊，东西、耳殿。

正殿坐落于青石台基上，面阔三间，进深六椽，单檐悬山顶前廊式建筑，梁架为六架梁前单步梁通檐用三柱。前檐斗栱五踩单翘单下昂，明间为隔扇门，次间为隔扇窗。山门面阔三间，进深四椽，单檐悬山顶，梁架为五架梁通檐用二柱，檐下柱头科三踩单下昂，平身科出斜栱，出耍头，明间设板门，次间砌墙。庙院存清代碑 1 通。

苏村唐太宗庙正殿正立面

苏村唐太宗庙鸟瞰

千佛造像碑

位置 晋城市陵川县礼义镇平川村

时代 隋代

类型 石窟寺及石刻

1986年，被山西省人民政府公布为第二批省级文物保护单位。

千佛造像碑立于砖砌仿木结构碑亭中。碑亭东西宽3.1米，南北长3.3米，占地面积10平方米。碑青石质，圆首，长方形碑身，四面造像共计419尊。碑身通高2.4米，宽1米，厚0.3米。碑阳下部正中雕一佛龛，龛内雕一佛、二菩萨。佛龛两侧及上部雕162尊小坐佛，一佛一龛，横竖成行，共16层。碑阴内容和形制与碑阳相同。碑身左、右两侧共雕佛89尊。造像碑体量宏大，雕刻技法精湛，具有较高的历史价值和艺术价值。

千佛造像碑碑亭正立面

千佛造像碑正立面

青莲寺

位置：晋城市泽州县金村镇寺南庄村北300米

时代：唐代至清代

类型：古建筑

1988年，被国务院公布为第三批全国重点文物保护单位。

青莲寺，初名“硖石寺”，寺分上、下两院。上青莲寺据寺内碑文记载，创建于唐大和二年（828），大顺年间重建，宋太平兴国三年（978）赐额“福岩禅院”，崇宁年间扩建，金大定三年（1163）重建，明代复称“青莲寺”，明、清两代均有重修。大雄宝殿为宋代建筑，藏经阁为金代建筑，其余皆为明清建筑，近年也有新建。中轴线上由南向北建有山门、藏经阁、大雄宝殿，两侧分别建有观音阁、地藏阁、转佛殿、钟鼓楼、罗汉楼。寺外东部有掷笔台，周边建有钟楼、文昌阁、款月亭等。寺内保存有彩塑55尊，历代碑碣94通（方），唐代石狮1对，石经幢5尊。

青莲寺大雄宝殿塑像

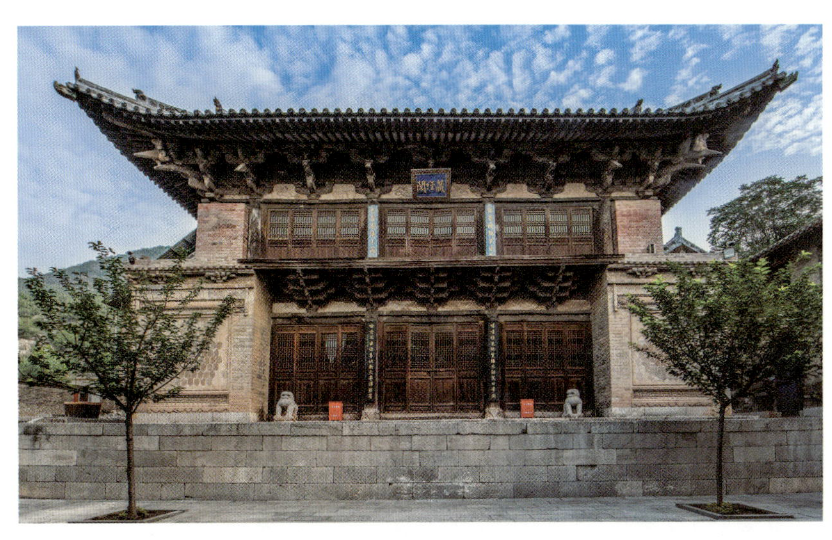

青莲寺藏经阁

大雄宝殿又称“大佛殿”，建于宋元祐四年（1089），砖砌台基，高 1.66 米，面阔三间，进深六椽，单檐歇山筒板瓦顶，琉璃脊饰。殿内梁架彻上露明造，六架椽屋四椽栿对后乳栿通檐用三柱，柱头斗栱五铺作单杪单下昂，昂头、耍头均作批竹式，补间隐刻。前后檐当心间施板门，前檐两个次间置直棂窗。檐下四周方形抹棱石柱，上存宋元祐四年（1089）题记，前檐当心间地栿、立颊、上槛均青石雕造，表面线刻花卉纹饰。殿内塑释迦牟尼佛坐像及文殊、普贤二菩萨。

藏经阁创建于唐代，金大定年间扩建，明清时期重修。现存藏经阁底层为明清建筑，上层为金代原构，石砌台基，高 1.58 米，面阔五间，进深四椽，二层单檐歇山顶。一层出平座，二层梁架彻上露明造，四椽栿通达前后檐，柱头斗栱五铺作单杪单昂，补间斗栱当心间及两次间各一朵，均五铺作双杪。金代时阁内藏经书 5000 余卷，元代时置木质方匣贮藏，20 世纪 30 年代散佚，1986 年发现宋开宝藏 2 卷、辽藏 1 卷，均为佛教珍贵文物。

下青莲寺据寺内碑文记载，创建于北齐天保年间，初名“硖石寺”，唐大和元年（827）寺院已具规模，咸通八年（867）赐额“青莲寺”。宋景德四年（1007）重修，现存山门、大殿为新建仿宋代风格建筑。寺坐北朝南，一进院落布局，占地面积 4982 平方米。寺内保存有唐宋彩塑。古寺东侧有明代建造的砖砌藏式佛塔，西侧建有唐代建造的惠峰石塔。寺内存唐代碑 1 通、宋代碑 1 通、金代碑 1 通、明清碑碣 6 通（方）。寺西有唐建慧峰大师塔。

上、下寺内共存历代碑碣 105 通（方），院内存“子抱母”古柏 1 棵。观音阁楼下后墙中部，镶嵌北宋政和八年（1118）《罗汉碑记》碑 1 通，刊载十六罗汉及五百罗汉名号，其中五百罗汉名号，在现存记载中时代最早的，是研究佛教史的重要资料。

青莲寺全景

玉皇庙

位置　晋城市泽州县金村镇府城村北土岗上

时代　宋代至清代

类型　古建筑

1988年，被国务院公布为第三批全国重点文物保护单位。

据庙内碑文记载，玉皇庙始建于宋熙宁九年（1076），金泰和七年（1207）重修，金贞祐年间遭兵乱损毁严重，元后至元元年（1335）扩建，至正十五年（1355）及明清时期均有补葺。现存建筑玉皇殿为宋代修建，成汤殿为金代修建，后院东、西耳殿和东、西廊庑为元代修建，余皆为明清时期建筑。庙坐北朝南，三进院落布局，东西宽54米，南北长119米，占地面积6426平方米。中轴线上有头道山门、二道山门、成汤殿、献殿、玉皇殿。

头道山门前建有东、西两个碑廊，诸多石碑详细记录着庙宇的历史沿革。前院正中为二道山门，东、西两侧设有文昌殿、咽喉祠、财神殿。中院正殿为成汤殿，也称作“献享

玉皇庙全景

殿”，殿内塑有成汤像，并有木雕阁楼3幢。东偏殿为东岳殿，殿内奉祀东岳大帝黄飞虎及夫人贾氏、儿子黄天化及麾下大将黄明、周纪、龙环、吴谦等。西偏殿为三王殿。东、西两侧分别为药王殿、五道殿、高禖祠、老君殿。紧邻二道山门两侧为南殿。西为地藏菩萨殿，内塑十殿阎君像；东为六瘟殿，内塑六瘟神像。两庑设有二十八宿殿、十二辰殿、十三曜星殿、关帝殿、蚕神殿。玉皇庙整体建筑错落有致。

玉皇殿砖砌台基，高1.5米，面阔三间，进深六椽，前檐辟廊，单檐悬山顶，殿脊琉璃狮子、后坡垂兽和脊侧二十八宿小像为金泰和七年（1207）作品。殿内梁架四椽栿对乳栿通檐用三柱，柱头斗栱四铺作单下昂，补间每间一朵。前檐平柱下覆莲式柱础，角柱下为覆盆式柱础，当心间设板门，两次间置破子棂窗。殿内存玉帝、宰辅、臣尉、侍女彩塑，是宋金时期的作品，具有极高的艺术价值。

成汤殿砖砌台基，高0.30米，面阔三间，进深六椽，单檐悬山顶。柱头斗栱四铺作单昂，无补间。前檐当心间及两次间设板门和直棂窗，檐下斗栱四铺作单下昂，梁架为四椽栿对乳栿通檐用三柱。

玉皇庙玉皇殿

庙内保存有宋、元、明三代彩塑280余尊，壁画120平方米，金、元、明、清等各代碑碣36通（方）。殿顶上还保留有金、元、明部分琉璃艺术构件。二十八宿殿现存元代艺术大师刘銮塑的二十八宿彩塑，在全国现已发现的古代塑像遗物中尚属孤品，代表了中国古代雕塑艺术的最高成就，不仅对元之后的中国古代雕塑产生过重大影响，而且对当今雕塑艺术的研究和发展亦具有重要意义。

玉皇庙成汤殿

泽州岱庙

晋城市泽州县南村镇冶底村

宋代至明代

古建筑

2001年，被国务院公布为第五批全国重点文物保护单位。

泽州岱庙创建年代不详。据正殿檐柱题记和庙内碑碣记载，宋元丰三年（1080）、元至元十年（1273）、明永乐二年（1404）和万历十三年（1585）、清顺治十八年（1661）均有修葺。现存正殿为宋代遗构，舞楼为元代建筑，其余建筑为明清风格。庙坐北朝南，二进院落布局，占地面积3876平方米。中轴线上有山门、池沼、舞楼、正殿，两侧建有东、西厢房，以及掖门、廊房、配殿、碑廊、耳殿。庙内保存元、明、清各代重修碑10通，古树5棵。

正殿亦称“天齐殿”，石砌台基，高1.5米。殿身面阔三间，进深三间，单檐歇山顶，梁架六架椽屋四椽栿对前乳栿通檐用三柱，柱头斗栱五铺作双下昂，前檐施方形石柱，覆莲柱础。当心间设板门，门周立颊、地栿、抱框、上额均为青石

泽州岱庙舞楼

泽州岱庙全景

泽州岱庙正殿

雕造。门枕石上雕卧狮2尊，门额上有“大定岁丁未乙巳月癸未日本州石匠贵”题记，两次间施破子棂窗。殿内存金代石雕神坛，仰覆莲束腰须弥式，束腰部分雕有龙凤图案。上存木构神龛3间。

舞楼创建年代不详，现存主体结构为元代风格。石砌台基，平面方形，单檐十字歇山顶，筒板瓦覆盖，瓦条垒砌屋脊，灰色鸱吻。台身四角立角柱4根，均为石质方形抹棱，剔地凸起镌牡丹花纹与化生童子。梁架结构由角梁、平榑和藻井组成。檐下每面施五铺作双昂斗栱各三朵。

周村东岳庙

位置：晋城市泽州县周村镇周村

时代：宋代至清代

类型：古建筑

2006年，被国务院公布为第六批全国重点文物保护单位。

周村东岳庙，又称“岱岳庙”，创建年代不详。宋元丰五年（1082）重修，明宣德二年（1427）、隆庆四年（1570）再次重修。现存正殿、关帝殿为宋代遗构，财神殿为元代遗构，余皆明清时期所建。庙坐北朝南，二进院落布局，占地面积9072平方米。

正殿面阔三间，进深六椽，单檐歇山顶，琉璃剪边。关帝殿建在高1.3米石砌台基上，面阔三间，进深四椽，单檐悬山顶，前檐出勾连搭歇山式抱厦，柱头斗栱为四铺作出单杪。庙内现存宋、明、清不同时期壁画和大小碑刻20余幅（通、方）。

周村东岳庙侧景

周村东岳庙山门

周村东岳庙正殿

高都景德寺

位置：晋城市泽州县高都镇高都村

时代：宋代至清代

类型：古建筑

2013年，被国务院公布为第七批全国重点文物保护单位。

高都景德寺据清《泽州府志》记载，始建于唐代，历代均有修葺。寺坐北朝南，二进院落布局，占地面积3376平方米。寺内建筑主要有南殿、中殿、正殿，西侧为厢房，东侧为廊房，正殿两侧带耳殿。现存正殿为宋金遗构，南殿为元代建筑，中殿为明代建筑，其余为清代建筑。

正殿面阔五间，进深六椽，单檐悬山顶，筒板瓦屋面。前檐施方形青石柱，柱上有宋元祐二年（1087）捐柱记及金泰和五年（1205）彩绘法堂记，柱下施素面覆盆柱础。前檐柱头铺作为五铺作单杪单下昂，内转五铺作双杪，偷心造。琴面昂，昂状耍头，横栱抹斜，扶壁重栱。补间铺作隐刻。殿内厅堂构架，六架椽屋四椽栿压乳栿用三柱。四椽栿上设角背，角背上施蜀柱、大斗承托平梁，平梁上施蜀柱、捧节令拱、丁华抹颏栱，叉手交丁华抹颏栱抵槫。室内减去次间两根金柱，金柱上使用大内额。正殿的斗栱、叉手、乳栿、大内额等为原物，上、下平槫处的栌斗、捧节令栱、散斗和驼峰等仍为北宋构件。

高都景德寺建筑规模较大，院落格局完整，正殿檐下石柱及额枋为宋元遗物，其上架大木构是金代建筑的做法，具有重要的历史价值。

高都景德寺全景

高都景德寺南殿

高都景德寺正殿

晋城二仙庙

位置 晋城市泽州县金村镇东南村

时代 宋代

类型 古建筑

1996年，被国务院公布为第四批全国重点文物保护单位。

晋城二仙庙建于宋代，为祭祀晋代乐氏二仙女的庙宇。据庙内碑文记载，创建于宋绍圣四年（1097），元、明、清各代均有修葺。现存正殿为宋代遗构，余为明清建筑。庙坐北朝南，二进院落布局，占地面积2351平方米。中轴线上建有山门（仅存基址）、过殿、拜殿、正殿，两侧为厢房、偏殿。

正殿石砌台基，面阔三间，进深四椽，单檐歇山顶。殿内梁架彻上露明造，三椽栿对前劄牵通檐用三柱，柱头斗栱五铺作单杪单下昂，前檐各间通施四扇六抹隔扇门。殿内的仙台上塑有二仙女及四侍女像，是中国仅存的宋塑乐氏二仙女像。庙内保存有宋代彩塑17尊，木雕神龛1座，宋代至清代碑7通。

晋城二仙庙为研究宋金时期的建筑、雕塑艺术，提供了珍贵的实物资料。

晋城二仙庙全景

晋城二仙庙正殿

晋城二仙庙彩塑及木雕神龛

河底成汤庙

位置　晋城市泽州县东沟镇河底村

时代　宋代至清代

类型　古建筑

2013 年，被国务院公布为第七批全国重点文物保护单位。

河底成汤庙，据庙内碑文记载，重修于宋大观元年（1107）至宣和二年（1120）。明弘治九年至十一年（1496—1498），清乾隆二十五年（1760）重修五瘟殿。庙坐北朝南，一进院落布局，占地面积 1320 平方米。中轴线上现存山门、戏台、正殿，两侧为耳房、配殿、偏殿。其中正殿为宋代遗构，山门中保存有宋代构件，余均为清代建筑。

正殿面阔三间，进深六椽，单檐悬山顶，筒板瓦屋面。前檐施抹角石柱，下设覆莲柱础。柱头斗栱为五铺作单杪单下昂，琴面昂，昂形耍头作，重栱计心造，横栱抹斜。补间铺作隐刻。当心间用青石质门框，门框上保存有宋大观二年（1108）题记。殿内厅堂构架，六架椽屋乳栿对四椽栿用三柱。

河底成汤庙正殿斗栱

河底成汤庙全景

河底成汤庙正殿

山门面阔三间，外檐四铺作施琴面昂，补间铺作逐间施一朵，当心间补间铺作皆用斜栱，蚂蚱头、横栱皆抹斜。山门外檐斗栱大部分构件均保留北宋时期特征，栌斗、散斗等年代应早于正殿，山门内保存有早期雕金钱纹砂石柱 2 根。庙内现存宋大观元年（1107）重修碑碣及明清重修碑、记事碑数通（方）。

河底成汤庙建筑格局完整，木构建筑年代均为北宋中晚期，是研究晋东南地区宋金交替时期建筑形制演变的珍贵实例，具有重要的历史价值。

北义城玉皇庙

位置：晋城市泽州县北义城镇北义城村

时代：宋代至清代

类型：古建筑

2006年，被国务院公布为第六批全国重点文物保护单位。

北义城玉皇庙创建年代不详，正殿檐柱有宋大观四年（1110）重修题记。庙中轴线上依次建有舞楼、献殿、正殿，两侧依次建有妆楼，东、西厢房，耳殿。现存正殿为宋代遗构，其余建筑均为明清风格。

正殿石砌台基，面阔三间，进深六椽，单檐歇山顶，琉璃剪边。檐出如翼，柱头卷杀明显并有题记。方形抹角青石檐柱，方形柱础与地面齐平，完好地保存了宋代木构建筑特征。

北义城玉皇庙建筑风格、特征与檐柱上宋大观四年题记相互佐证，是研究宋代木构建筑的重要实例。

北义城玉皇庙全景

北义城玉皇庙山门

北义城玉皇庙正殿

泽州崇寿寺

位置：晋城市泽州县城北25千米西郜村

时代：宋代至清代

类型：古建筑

2019年，被国务院公布为第八批全国重点文物保护单位。

泽州崇寿寺始建于北魏，唐开元七年（719）重修，宋大中祥符元年（1008）重建，金、元、明、清各代屡有修建。寺坐北朝南，三进院落布局，占地面积3198.77平方米，主要建筑有山门、天王殿、释迦殿和雷音殿等。天王殿两侧有钟、鼓楼，释迦殿东、西配殿为地藏殿、罗汉殿。雷音殿旁东、西各有小院，东为菩萨院，有三大士殿；西为关圣院，有关帝殿。释迦殿为宋代遗构，余为明清建筑。

释迦殿面阔三间，进深三间，单檐歇山顶，彻上露明造，梁架为四椽栿对后乳栿通檐用三柱，斗栱为五铺作单杪单下昂计心造，前檐用方形抹角素面青石檐柱，侧脚、收分明显，角柱生起，南、北各设殿门。前檐石柱有宋宣和元年（1119）题记，门楣石上有金天会八年（1130）题记。

寺内存唐代八角形石幢两座，通高4米，须弥座上雕宝装莲瓣及石狮，幢身刻《陀罗尼经》，宝盖为璎珞花纹，镂刻精细。寺内还保存有北魏造像碑1通，雕刻屋形佛龛及一佛、二菩萨，另有宋、金、元、明各代碑12通。

泽州崇寿寺建筑形制规整，释迦殿体现了宋代建筑的特征与风貌，附属文物文化内涵丰富，具有较高的历史文化价值。

泽州崇寿寺释迦殿

泽州崇寿寺山门

泽州崇寿寺过殿

西顿济渎庙

位置 晋城市泽州县高都镇西顿村

时代 金代至清代

类型 古建筑

2013年，被国务院公布为第七批全国重点文物保护单位。

据庙内题记及碑文记载，西顿济渎庙始建于宋金时期，清乾隆四十三年（1778）修葺。现存正殿为金代遗构，余为清代建筑。庙坐北朝南，一进院落布局，占地面积1294平方米，中轴线上依次为舞楼、正殿，两侧为妆楼、东耳殿等附属建筑。

正殿面阔三间、进深六椽，单檐悬山顶，筒板瓦屋面，殿内厅堂构架，六架椽屋四椽栿对乳栿用三柱。前檐4根石柱，镌刻北宋宣和四年（1122）捐柱记，柱头铺作为四铺作单昂，昂状耍头，琴面昂，昂嘴高厚，横栱抹斜。明间、补间铺作为一朵，形式为四铺作单杪，束栌斗，出60°斜栱，昂状耍头。后檐无斗栱。正殿的柱础、前檐柱和梁架部分构件应为宋宣和年间原物，但斗栱和部分构架已非北宋形制，其中斗栱不晚于元代。另外，悬山出际有被锯短的迹象。

西顿济渎庙正殿保存了宋金时期的基本格局和部分木构形制，对研究该地区宋金时期建筑的发展演变具有重要的历史价值。

西顿济渎庙全景

西顿济渎庙正殿

西顿济渎庙正殿斗栱

坛岭头岱庙

位置 晋城市泽州县义城镇坛岭头村

时代 金代、清代

类型 古建筑

2013年，被国务院公布为第七批全国重点文物保护单位。

坛岭头岱庙始建年代不详，据中殿当心间柱上题记和庙内碑刻记载，金大定二十年（1180）、清道光三十年（1850）均有修葺。庙坐北朝南，原为二进院落，现后院已毁，仅存前院，占地面积1276平方米，中轴线上由南至北主要有山门、月台、中殿，两侧为梳妆楼、廊房、朵殿。现存中殿为金代遗构，其余均为清代建筑。

中殿面阔三间，进深四椽，单檐歇山顶，筒板瓦屋面。檐下斗栱为四铺作插昂，琴面昂，蚂蚱头，横栱抹斜，里转一跳承劄牵。补间铺作隐刻。柱头铺作里转出斜向丁搭顶三椽栿上。前后檐柱与殿内金柱同高，殿内单槽柱网，三椽栿压前劄牵，劄牵月梁造，三椽栿上施驼峰、大斗承托平梁，平梁上施蜀柱、斗栱，叉手与丁华抹颏栱相交抵襻间替木承脊槫，蜀柱两侧以合楷固定。

坛岭头岱庙历史悠久，庙院格局规整，其中殿带有典型的金代建筑特征，是研究本地区金代建筑的重要实例。

坛岭头岱庙中殿

坛岭头岱庙中殿斗栱

坛岭头岱庙全景

尹西东岳庙

位置：晋城市泽州县北义城镇尹西村

时代：金代至清代

类型：古建筑

2013 年，被国务院公布为第七批全国重点文物保护单位。

尹西东岳庙始建年代不详，据庙内天齐殿檐柱题记及碑碣记载，金明昌五年（1194）、清嘉庆二十四年（1819）曾数次修葺。现存天齐殿为金代遗构，玉皇殿为元代建筑，其他建筑则为明清时期所建。庙坐北朝南，一进院落布局，东侧设跨院，占地面积 2378 平方米，中轴线上从南至北依次为山门、天齐殿，两侧为妆楼、廊房、耳殿。东跨院为关帝庙。

天齐殿面阔三间，进深六椽，单檐悬山顶，筒板瓦屋面。前檐设有斗栱，为五铺作单杪单下昂，重栱计心造，琴面昂，横栱抹斜，昂状耍头，里转两杪偷心造。补间铺作隐刻。殿内梁架为六架椽屋四椽栿压前乳栿用三柱。四椽栿放在铺作之上，上施蜀柱承托平梁，平梁两端下侧各施劄牵，后尾插入蜀柱。平梁上施蜀柱、捧节令拱，叉手入蜀柱上栌斗口内直抵脊槫。玉皇殿面阔、进深均为三间，单檐悬山顶，筒板瓦屋面。殿前出抱厦，柱头斗栱四铺作，补间施一朵，檐柱上用大通额。

尹西东岳庙历史较为悠久，金元时期建筑格局基本保存完整，天齐殿带有典型的金代建筑特征，具有重要的历史文化价值。

尹西东岳庙全景

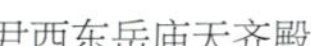

尹西东岳庙天齐殿

尹西东岳庙玉皇殿

大阳汤帝庙

位置　晋城市泽州县大阳镇大阳西街村

时代　元代至清代

类型　古建筑

2006年，被国务院公布为第六批全国重点文物保护单位。

大阳汤帝庙创建年代不详，现存正殿为元代遗构，其余建筑为明清风格。庙坐北朝南，一进院落布局，占地面积1818.92平方米。中轴线上由南至北依次有舞楼、山门、中殿、月台、正殿，两侧依次有配殿，东、西厢房，耳殿。

正殿面阔明三暗七，进深八椽，单檐悬山顶。柱头斗栱五铺作双昂计心造，蚂蚱形耍头。屋面筒板布瓦，绿琉璃勾滴剪边，前坡屋面缀绿琉璃方心。正殿构架形式、用材形制呈自然、质朴、洒脱的风格。

大阳汤帝庙山门

大阳汤帝庙全景

大阳汤帝庙正殿

川底佛堂

位置 晋城市泽州县川底乡川底村

时代 元代至清代

类型 古建筑

2013年，被国务院公布为第七批全国重点文物保护单位。

川底佛堂始建年代不详，据院内碑碣记载，元至顺三年（1332）重修，近年来进行了全面维修。正殿为元代建筑，两厢为清代建筑。佛堂坐北朝南，占地面积233平方米，一进院落布局，中轴线上依次为南殿、正殿，两侧为厢房。

正殿建于石砌台基上，面阔三间，进深四椽，单檐歇山顶，筒板瓦屋面。外檐斗栱为四铺作，琴面昂，蚂蚱头，里转偷心造。四面当心间、补间铺作均施一朵，用真昂，其中山面当心间、补间铺作昂尾挑斡压于平梁之下。殿内梁架为四架椽屋四椽栿通檐用两柱。丁栿承于四椽栿下，四椽栿上施驼峰承托平梁，平梁上施蜀柱、斗栱、叉手，叉手与丁华抹颏栱相交直抵脊槫下皮。平槫下襻间为实拍捧节令栱。

川底佛堂建筑格局基本完整，正殿虽经元代修葺但大部分构件为金代原构，具有重要的历史文化价值。

川底佛堂正殿斗栱

川底佛堂全景

川底佛堂正殿

史村东岳庙

泽州县

位置　晋城市泽州县下村镇史村村

时代　元代至清代

类型　古建筑

2013年，被国务院公布为第七批全国重点文物保护单位。

史村东岳庙创建年代不详，据正殿梁架题记记载，清乾隆年间、嘉庆元年（1796）均有修葺。现存建筑正殿为元代遗构，其余建筑为清代风格。庙坐北朝南，占地面积1163平方米，中轴线上依次为山门、中殿、正殿，两侧为钟、鼓楼及厢房、偏殿、碑廊、耳殿。

正殿面阔七间，进深六椽，单檐悬山顶，琉璃筒瓦布面。梁架为六椽栿通达前后檐，六椽栿设于铺作之上，上施蜀柱承托四椽栿，四椽栿上施蜀柱、大斗承托平梁，平梁上施蜀柱、捧节令拱、丁华抹颏拱、叉手承托脊槫。柱头双下昂五铺作，蚂蚱耍头，里转双杪五铺作，偷心造。补间斗栱三踩单昂，出龙形耍头。

中殿保存部分明代构件，面阔三间，进深原为六椽，前后有廊，现后廊于1980年被拆除，单檐悬山顶，琉璃剪边，斗栱五踩双翘，龙形耍头。明间、次间通施四扇六抹隔扇门，门枕石上有精美线刻石雕，廊柱木质圆柱，下设方形青石柱础。

史村东岳庙山门

史村东岳庙正殿

史村东岳庙中殿

薛庄玉皇庙

位置 晋城市泽州县高都镇薛庄村西北

时代 元代至清代

类型 古建筑

2013年，被国务院公布为第七批全国重点文物保护单位。

薛庄玉皇庙始建年代不详，现存正殿为元代遗构，余为清代风格建筑。庙坐北朝南，一进院落布局，占地面积795平方米，中轴线上由南至北有山门（舞楼）、正殿，两侧有妆楼、厢房、廊房、耳殿。

正殿面阔三间，进深六椽，单檐悬山顶，琉璃筒板瓦屋面，殿前设月台。前檐施八棱抹角青石柱，柱身有收分，下设覆莲柱础。外檐柱头斗栱为五铺作出单杪单昂，单栱计心造，第二杪作琴面假昂头，双瓣华头子，蚂蚱头，令栱抹斜。里转单杪，偷心造。补间铺作隐刻。梁架结构为殿内厅堂做法，六架椽屋前乳栿承四椽栿用三柱。平梁上施蜀柱、叉手，叉手与丁华抹颏栱相交承托脊槫。各槫下襻间均为实拍捧节令栱。正殿内后墙及两山墙保存有明清壁画。

薛庄玉皇庙整体布局保存较为完整，建筑结构上富于变化，反映了晋东南地区元代建筑特征，特别是正殿内后墙及两山墙明清壁画，保存基本完整，具有较重要的历史、艺术价值。

薛庄玉皇庙全景

薛庄玉皇庙山门（舞楼）

薛庄玉皇庙正殿

水东崔府君庙

位置 晋城市泽州县金村镇水东村

时代 元代至清代

类型 古建筑

2013年，被国务院公布为第七批全国重点文物保护单位。

水东崔府君庙始建年代不详。据庙内《重修齐圣广佑王庙》碑及正殿檐柱题记记载，元至元三十年（1293）、大德四年（1300）和明万历二十一年（1593）曾多次重修。庙坐北朝南，一进院落布局，占地面积834平方米。现存正殿为元代遗构，拜殿及东、西耳殿为明代建筑，余为清代建筑。该庙中轴线上由南至北建有舞楼、拜殿、正殿，两侧为妆楼（山门）、看楼、厢房、耳殿。

正殿面阔三间，进深两间，单檐悬山顶，筒板瓦屋面。前檐施八棱抹角砂石柱，柱身有收分，下设覆莲柱础。外檐柱头斗栱为五铺作出双杪，皆作琴面假昂头，耍头斜杀内凹，各间均施补间铺作一朵，形制同柱头铺作。柱头铺作里转出双杪，单栱计心

水东崔府君庙正殿斗栱

水东崔府君庙全景

水东崔府君庙正殿

造。补间铺作里转出三杪，偷心造，并出上昂承下平槫。梁架结构为殿内厅堂做法，六架椽屋前乳栿承四椽栿用三柱。平梁上施蜀柱、叉手，叉手与丁华抹颏栱相交承托脊槫。各槫下襻间均用实拍捧节令栱。另外，庙内还保存有众多木雕和石刻。

水东崔府君庙建筑布局保存比较完整，正殿具有晋东南地区金代后期的建筑风格，正殿当心间东侧檐柱柱础上刻有元至元三十年（1293）重修题记，具有重要的历史价值。

坪上汤帝庙

位置　晋城市泽州县周村镇坪上村

时代　明代至清代

类型　古建筑

2013年，被国务院公布为第七批全国重点文物保护单位。

坪上汤帝庙始建年代不详，根据正殿内梁下题记记载，明弘治十四年（1501）曾予维修。现存正殿和香亭为明代建筑，其余为清代建筑。庙坐北朝南，占地面积1649.55平方米，现存一进院落，中轴线由南至北依次为香亭、黑虎殿、正殿，两侧有山门、钟楼、鼓楼、厢房、耳殿。

正殿面阔五间，进深六椽，单檐悬山顶，筒板瓦屋面，琉璃脊饰。殿前设一低矮月台。殿身檐柱使用大通额，前檐施八棱抹角青石柱，柱身有收分。前檐柱头斗栱为四铺作单杪，作琴面假昂头，令栱抹斜。补间铺作逐间施一朵，除当心间、补间铺作出斜昂外，其余形制同柱头铺作。殿内厅堂造，六架椽屋四椽栿对乳栿用三柱。四椽栿上施蜀柱承托平梁，平梁上施蜀柱、叉手，蜀柱两端施合楷固定，叉手与丁华抹颏栱相交承托脊槫。脊槫下襻间上存有明弘治十四年（1501）重修题记。

香亭建于石砌台基之上，平面呈正方形，面阔、进深均为一间，单檐歇山顶，筒板瓦屋面。四角设青石八棱抹角柱，侧脚、收分显著，下设覆盆柱础。檐下斗栱为五铺作双下昂，横栱抹斜。

正殿和香亭均具有元代建筑风格，具有较高的历史价值。

坪上汤帝庙全景

坪上汤帝庙正殿

坪上汤帝庙香亭

府城关帝庙

位置　晋城市泽州县城北金村镇府城村

时代　清代

类型　古建筑

2013年，被国务院公布为第七批全国重点文物保护单位。

府城关帝庙创建年代不详，清乾隆二十一年（1756）、乾隆四十七年（1782）曾重修。庙坐北朝南，四进院落布局，占地面积4395.9平方米。中轴线上由南向北依次是山门、戏台、关帝殿、三义殿，两侧建筑有廊庑、钟楼、鼓楼、僧楼，均为清代建筑。

关帝殿面阔三间，进深八椽，单檐悬山顶，九架前廊式建筑，斗栱五踩重昂，台基高1.3米，前廊4根滚龙柱，雕刻精美。

三义殿面阔三间，进深六椽，单檐歇山顶，七架前廊式建筑，斗栱五踩双翘出斜栱，内檐两山绘有壁画，前廊4根石柱上雕儒、释、道三教人物故事。

关帝殿和三义殿保存较好，石雕和木雕装饰特色比较突出，工艺精良，具有较高的历史和艺术价值。

府城关帝庙全景

府城关帝庙关帝殿

府城关帝庙三义殿

碧落寺

位置　晋城市泽州县巴公镇南连氏村

时代　南北朝至民国

类型　石窟寺及石刻

2006年，被国务院公布为第六批全国重点文物保护单位。

碧落寺初创于北朝时期，时称“圣佛院”，其后经过多次鼎新扩建，至隋唐时颇具规模，更名为“碧落寺”，宋英宗治平年间更名为“治平院”，金元时期复称“碧落寺”至今。寺坐北朝南，现存建筑为新建。

碧落寺石窟分布于山崖间，东西走向，共3窟，立面面积为21.19平方米。西窟和中窟为平面长方形三壁三龛穹隆顶窟。东窟为平面方形三壁三龛平顶窟。西窟面宽2.1米，进深2.5米，顶部雕莲花藻井。北壁雕一佛、二弟子、二菩萨，东、西壁为一佛、二菩萨，背光处分两层排列小坐佛54尊。窟门圆拱形，高1.1米，宽0.8米，窟门壁面存北齐武平七年（576）及唐大和六年（832）题记。中窟面宽3.6米，进深2.86米，高3.3米，北壁雕一佛、二弟子，佛结跏趺坐，高1.65米，东、西壁均雕一佛、二菩萨，窟门两侧雕力士各1尊。窟门圆拱形，高2.5米，宽1.9米。窟外壁东西凿小型尖拱龛5龛，内雕佛、菩萨、弟子、力士共11尊。窟内壁有北魏孝昌二年（526）题记1则、武周“万岁通天焦弘庆”题记1则。窟外有唐开成元年（836）诗刻二首及唐、武周、宋等各代题记数处。东窟面宽2.5米，进深2.35米，高2.4米。北壁雕一佛、二弟子，佛高1.5米，结跏趺坐，作说法印，弟子立于宝装莲台上。东、西壁雕一佛、二菩萨，窟门处雕力士各1尊。窟门尖拱形，高2.05米，宽1.05米。像佛头已失，造像为圆雕技法。

碧落寺全景

碧落寺石窟外景

碧落寺石窟内景

高都遗址

位置：晋城市泽州县东北21千米的高都镇保伏村北寨上附近

时代：新石器时代至商代

类型：古文化遗址

1965 年，被山西省人民委员会公布为第一批省级文物保护单位。

高都遗址时代以龙山晚期为主，兼有零星仰韶中期遗物。1955 年曾出土新石器时代的陶片、瓦片、骨针等物品。1996 年调查，断面上可看到灰坑、文化层等。文化层距地表深 0.5 米左右，厚度约 2 米。从采集的遗物来看，龙山晚期遗物居多，包括夹砂灰陶、泥质灰陶。器形有侈口折沿肥足鬲、方唇内折敛口缸、侈口折沿鼓腹罐、深腹筒形罐，流行篮纹。另外有一些石刀、石铲等石器残件。此外，还有零星仰韶中期的红陶。

高都遗址全景

高都遗址近景

天井关

位置：晋城市泽州县晋庙铺镇拦车村

时代：汉代、唐代至清代

类型：古建筑

2004年，被山西省人民政府公布为第四批省级文物保护单位。

天井关又称“太行关”，据《读史方舆纪要》记载，因关前有3眼深井而得名，为太行陉南端第一道关口，海拔高度948米，地势险峻，易守难攻，史上与太行陉相关的战争多与之相关，乃兵家必争之地。

天井关已有2000多年历史，历史文化悠久，是著名的“孔子回车”之地。最早记载见于西汉刘歆的《遂初赋》：“驰太行之严防，入天井之乔关。”秦以前称“天门”。西汉始置天井关。唐称“太行关”。宋靖康元年（1126）改称“雄定关”，金正大六年（1229）复名“天井关”。元称“平阳关”。明清又复名“天井关”。

现仅存城门1座，南北长6.7米，东西宽7.8米，占地面积52平方米，为清代建筑风格。

天井关是中华民族的历史丰碑，也是浩瀚的文化长廊。历史上曾登临过天井关的古代帝王有13位，登临的著名将领、大臣、文学家、史学家和文人墨客达上百位。他们留下了大量珍贵的诗文和碑刻，形象地描绘了天井关的自然风光和当时的社会场景，是珍贵的历史文化遗产。

天井关全景

天井关城门

大南社土地神祠

位置：晋城市泽州县高都镇大南社村

时代：金代、清代

类型：古建筑

2016年，被山西省人民政府公布为第五批省级文物保护单位。

大南社土地神祠创建年代不详，据祠内现存碑碣记载，明崇祯元年（1628）、清康熙二十年（1681）均有修葺。现存正殿为宋代遗构，余为清代风格建筑。祠坐北朝南，一进院落布局，南北长39米，东西宽23米，占地面积897平方米。中轴线上由南至北依次建有舞楼、拜殿、正殿，两侧依次有妆楼、看楼、厢房、耳殿。

正殿，石砌台基，平面呈长方形，面阔三间，进深六椽，单檐悬山顶，梁架结构为四椽栿前压乳栿通檐用三柱。柱头铺作采用五铺作计心造。

大南社土地神祠历史久远，其正殿明清曾有修葺，但仍保存宋代风格，为晋东南地区宋代建筑的研究又增添了实例。该祠是古建研究的重要实物资料，具有十分珍贵的历史及科学价值。

大南社土地神祠

大南社土地神祠斗栱

高都东岳庙

位置：晋城市泽州县高都村村东

时代：金代

类型：古建筑

1986年，被山西省人民政府公布为第二批省级文物保护单位。

高都东岳庙创建年代不详，庙中殿后门框与前檐柱上有金大定十八年（1178）题记。元元贞元年（1295），明天顺五年（1461）、万历十二年（1584）、崇祯二年（1629），清顺治十六年（1659）、康熙十三年（1674）均有修葺。现存正殿为金代遗构，其余建筑为清代风格。

庙坐北朝南，二进院落布局，占地面积1930平方米。中轴线上由南至北依次建有山门、拜殿、正殿、藏经楼，两侧依次有钟、鼓楼，廊房，东、西厢房，耳殿。

正殿面阔三间，进深五椽，单檐悬山顶，屋顶琉璃剪边。方形抹角青石檐柱，素覆盆青石柱础。

高都东岳庙全景

高都东岳庙正殿

高都二仙庙

位置 晋城市泽州县高都镇湖里村

时代 金代至清代

类型 古建筑

2004年，被山西省人民政府公布为第四批省级文物保护单位。

高都二仙庙创建年代不详，现存正殿为金代遗构，献殿为元代风格建筑，余为清代建筑。庙坐北朝南，一进东、西两院，占地面积987平方米。中轴线上由南至北依次建有照壁、山门（舞楼）、献殿、正殿，两侧依次有妆楼、看楼、厢房、耳殿。

正殿面阔三间，进深五椽，单檐悬山顶，殿顶举折平缓，出檐较远。前檐青石柱与方形覆莲柱础为金代遗物，当心间西侧檐柱上有金泰和五年（1205）题记。献殿，平面呈正方形，单檐歇山顶。方形抹角砂石檐柱，方形青石柱础。东面建有偏院，为关帝庙。

高都二仙庙全景

高都二仙庙正殿

高都玉皇庙

位置：晋城市泽州县高都镇北街村

时代：金代至清代

类型：古建筑

2021年，被山西省人民政府公布为第六批省级文物保护单位。

高都玉皇庙又称“城隍庙”“西庙”，创建年代不详，历代皆有维修。现存东偏殿保留有金代建筑特征，西偏殿保留有元代建筑特征，其余均为清代建筑。庙坐北朝南，一进院落布局，占地面积1765平方米。中轴线上由南向北分布有山门（上为戏楼）、拜殿（复建）、正殿，两侧建有东、西掖门及妆楼、耳房、配殿、偏殿、耳殿等建筑，布局规整。

正殿面阔三间，进深六椽，单檐悬山顶，前置廊，方形抹角砂石檐柱，青石质方形磉墩础石，三踩单下昂斗栱仅施于柱头。东偏殿石砌台基，面阔三间，进深六椽，单檐悬山顶，殿内梁架为四椽栿前压乳栿通檐用三柱，前檐共设七朵斗栱，均为四铺作单下昂，柱头铺作耍头为蚂蚱形，补间铺作耍头为昂形，前檐柱为方形抹角石柱，四面减地平钑雕饰，柱下覆盆雕花柱础。

西偏殿面阔三间，进深六椽，单檐悬山顶，殿内梁架为四椽栿前压乳栿通檐用三柱，柱头铺作为四铺作单下昂，无补间铺作。庙内现存元代水官石1通，明代碑2通，明代碣5通，清代碑1通。

高都玉皇庙反映了当地传统文化、民俗民风的延续、传承与变迁，具有重要的文化价值。

高都玉皇庙全景

高都玉皇庙东配殿

西四义普觉寺

位置：晋城市泽州县巴公镇西四义村

时代：元代至清代

类型：古建筑

2016年，被山西省人民政府公布为第五批省级文物保护单位。

据寺内现存的清道光十四年（1834）碑文记载，西四义普觉寺创建于唐天宝元年（742），清康熙五十三年（1714）、乾隆二十二年（1757）重修。现存建筑正殿为元代遗构，其余为清代建筑。寺坐北朝南，三进院落布局，占地面积2204.87平方米。中轴线上由南至北依次建有南殿（四大天王殿）、月台、中殿（三佛殿）、正殿（关圣殿）、藏经楼。两侧依次有耳房（西耳房塌）、看楼（已毁）和东、西厢房（改制）。

正殿（关圣殿）石砌台基，面阔三间，进深六椽，前出廊，单檐悬山顶。前檐施八棱抹角砂石柱，柱头斗栱五铺作，单杪单下昂，补间铺作共三朵。当心间板门门额上有贴花及方形门簪。

中殿（三佛殿）位于砖砌台基之上，前有方形月台，面阔五间，进深六椽，单檐悬山顶。柱头斗栱四铺作，单下昂，蚂蚱形耍头，补间铺作共五朵。经后代改建，建筑门窗已失去原有风格。

西四义普觉寺全景

西四义普觉寺中殿（三佛殿）

泽州汤帝庙

位置：晋城市泽州县南岭乡神后村

时代：元代至清代

类型：古建筑

2004年，被山西省人民政府公布为第四批省级文物保护单位。

泽州汤帝庙俗称“南大庙”，创建于元至正年间，历代均有修葺、扩建。现存正殿（汤王殿）为元代风格，其余建筑为清代风格。庙坐北朝南，三进院落，占地面积3176平方米。中轴线上由南至北依次建有舞楼、拜殿、正殿，两侧依次建妆楼，看楼，东、西厢房，耳殿。

正殿面阔三间，进深六椽，单檐悬山顶，屋顶举折平缓，门窗新制，方形抹角砂石檐柱，下设方形青石柱础。

泽州汤帝庙拜殿

郭庄三清殿

位置 晋城市泽州县川底乡郭庄村

时代 元代

类型 古建筑

2021年，被山西省人民政府公布为第六批省级文物保护单位。

郭庄三清殿创建年代不详，现存主体建筑为元代风格。三清殿坐北朝南，占地面积164平方米。

三清殿，石砌台基，面阔三间，进深六椽，单檐歇山顶，琉璃筒瓦覆面，琉璃屋脊。殿内梁架为四椽栿前压乳栿通檐用三柱。檐下斗栱为五铺作双下昂，不设补间铺作，用驼峰栌斗代替。梁架木构件满布彩绘，山花、象眼及栱眼壁有壁画。门框、窗框均有木雕花边装饰，木门枕，破子棂窗。现存元代碑1通，清代碑1通。

现虽仅存三清殿，但建筑形制保存完整，对于研究当地历史文化有着重要的参考价值。殿内各缝梁架、栱眼壁都有彩绘，山墙绘有壁画，线条流畅，相当精美，反映出当地当时的绘画风格和艺术水平。

郭庄三清殿

马坪头天仙庙

位置 晋城市泽州县川底乡马坪头村

时代 元代、清代

类型 古建筑

2021 年，被山西省人民政府公布为第六批省级文物保护单位。

马坪头天仙庙创建年代不详，现存正殿为元代风格建筑，其他建筑为清代风格。庙坐北朝南，占地面积 664 平方米。中轴线由南向北依次为献厅、正殿，两侧为东耳殿，东、西配楼。

正殿，石砌台基，面阔五间，进深四椽，单檐悬山顶。殿内梁架为四椽栿通达前后檐，用两柱。前檐用 4 根方形抹角石柱，石柱正面为剔地起突石雕。石柱上设原木大额枋承斗栱，四铺作单杪或五铺作双杪，不设补间铺作。榑下均施短替。庙内现存北齐造像石 1 通，明代碑 1 通，清代碑 2 通。

天仙庙正殿规模不大，但其整体布局严谨，主体建筑时代特色鲜明，是元代乡村庙宇单体建筑的典范。天仙庙反映了当地民众的信仰习俗，为研究该地区天仙信仰提供了难得的实物资料。

马坪头天仙庙全景

马坪头天仙庙献厅

下麓汤帝庙

位置：晋城市泽州县川底乡下麓村

时代：元代至清代

类型：古建筑

2021 年，被山西省人民政府公布为第六批省级文物保护单位。

据庙内碑刻及题记记载，下麓汤帝庙始建于金泰和三年（1203），元后至元四年（1338）、明嘉靖三十七年（1558）、清咸丰七年（1857）曾多次重修。现存正殿为元代遗构，其余为明清建筑。庙坐北朝南，二进院落布局，占地面积 1613 平方米。中轴线由南向北建有山门（上为倒座戏楼）、中门（改建）、正殿，两侧分别有妆楼、耳房、看楼、廊房、耳殿等数十间。

正殿坐落于砂石砌筑的台基之上，面阔五间，进深六椽，单檐悬山顶，殿内梁架为四椽栿后压乳栿通檐用三柱。前檐用减柱、移柱造，施方形砂石柱 4 根，柱身雕团花纹饰，覆盆柱础之上加施方形杌凳式石础。前檐斗栱共计十一朵，均为四铺作单下昂。方形抹角青石质内柱，柱身四面减地平钑雕饰，柱下覆盆莲瓣柱础。庙内现存金代碑 1 通，明代碑 3 通，清代碑 2 通。

下麓汤帝庙历史久远，建筑形制规整，其正殿完好地保存着元代建筑的特征与风貌，且保留了部分金代构件与题记，是古建研究的重要实物资料。

下麓汤帝庙全景

下麓汤帝庙正殿

北村佛堂

位置：晋城市泽州县大东沟镇北村

时代：元代至清代

类型：古建筑

2021年，被山西省人民政府公布为第六批省级文物保护单位。

北村佛堂创建年代不详，据佛堂内题记记载，明万历四十七年（1619）、清康熙四十七年（1708）曾重修。1953年在院落东南角修建5层广播楼1座。现存正殿为元代遗构，东厢房为明代遗构，其余为清代建筑。北村佛堂坐北朝南，一进院落布局，占地面积202平方米。中轴线由南向北依次建有南殿、正殿，两侧为山门、东厢房、东耳房。

正殿建于青石台基之上，面阔三间，进深四椽，单檐悬山顶，殿内梁架为三椽栿压前劄牵通檐用三柱。前檐柱头铺作为四铺作单下昂，大斗为讹角斗，蚂蚱耍头，撩檐槫由替木承托，无补间铺作。东厢房南侧山墙上保存有明代砖雕座山影壁1座，正殿前存清代碑3通。

北村佛堂砖雕座山影壁

北村佛堂全景

北村佛堂的座山影壁，题材新颖，风格独特，造型精美，雕工精湛，是明代砖雕影壁的上乘之作。北村佛堂建筑规模虽小，但整体布局紧凑，正殿具有明显的元代建筑特征与风貌，是元代小体量建筑的典范。

北村佛堂正殿

三教堂

位置 晋城市泽州县李寨乡陟椒村

时代 明代至清代

类型 古建筑

2004 年，被山西省人民政府公布为第四批省级文物保护单位。

三教堂据正殿内存碑文记载，创建于明嘉靖十七年（1538），现存建筑为明清风格。三教堂坐北朝南，一进院落布局。中轴线上现存山门（舞楼）、正殿，两侧除东、西妆楼和东耳殿外，其余为新建。

正殿建于石砌台基之上，面阔三间，进深五椽，六檩前出廊，单檐悬山顶，前檐斗栱五踩双昂，雀替装饰华丽，雕作牡丹、龙、凤。施隔扇门窗，殿内塑释迦牟尼、太上老君、孔子三教祖师塑像。

山门（舞楼）上有“香霭云飘”匾额，匾额上方有 4 条木龙环绕，龙目圆睁，似在云雾间翻飞，木雕有四五层之多。最上方的斗栱异常华丽，斗栱以下雀替部位和垂花柱上雕刻的花卉鸟兽活灵活现，人物故事惟妙惟肖，多组木雕构成了生动的画面。

三教堂内木雕内容丰富，图案以人物故事、游龙翔凤、吉祥花鸟为主，其雕刻技术洗练，三层透雕所雕物品栩栩如生，各种浮雕、浅雕、镂雕、透雕精美绝伦，巧夺天工，充分展示了这一地区明清木雕艺术的造诣与成就，被誉为“山西木雕之王”。殿宇遍施琉璃脊饰，梁枋、斗栱、雀替等皆雕刻精美。三教堂及偏殿后山墙尚存明清时期壁画近百平方米，内容

三教堂全景

三教堂山门（舞楼）

丰富，技艺高超。

三教堂是研究明代建筑风格和木雕艺术的宝贵资料，也是解读中国古代“三教”文化的重要实例。

成庄汤帝庙

位置 晋城市泽州县下村镇成庄村

时代 明代至清代

类型 古建筑

2021 年，被山西省人民政府公布为第六批省级文物保护单位。

成庄汤帝庙俗称“大庙”，创建年代不详，据庙内梁架下墨书题记记载，祖师殿曾于清康熙三十五年（1696）重修，正殿重修于清乾隆十九年（1754）。现存正殿、祖师殿为明代遗构，其余为清代建筑。庙坐北朝南，一进院落布局，占地面积 1225 平方米。中轴线由南至北依次为祖师殿、正殿、东西掖门、西厢房、西配殿、东西耳殿等。

正殿建于砖砌台基之上，面阔三间，进深六椽，单檐悬山顶，殿内梁架为五架梁对双步梁通檐用三柱，前檐施方形抹角砂石檐柱 4 根，侧脚、收分明显，方形柱础，前檐檐下斗栱七攒，皆为五踩双下昂。

祖师殿建于石质台基之上，面阔三间，单檐悬山顶，前檐檐下斗栱七攒，皆为五踩双下昂。庙内现存清代记事碑 2 通。

成庄汤帝庙整体布局严谨，但又具有独特性。其前、后院相对独立，庙中原有舞楼、戏台两处娱神之所，这在目前泽州地区庙宇建筑中十分罕见。

成庄汤帝庙正殿

成庄汤帝庙祖师殿

紫金山大云院石窟

位置：晋城市泽州县柳树口镇中村

时代：后唐、元代

类型：石窟寺及石刻

2021 年，被山西省人民政府公布为第六批省级文物保护单位。

紫金山大云院石窟创建年代不详，据现存元至元三十年（1293）的《重修老师洞记》记载，五代后唐清泰元年（934）始有禅师道逸居洞修行，金代时在洞前建三圣殿，其后历代均有增修、重修。大云院分为前院、后院、上院 3 个院落。前院是大云院的主院，中轴线上依次建有山门、三圣殿，两侧为钟鼓楼、娲皇宫、碑廊、耳殿，钟楼外侧为塔林。后院有老师洞、水月观音造像、凝公长老说法像、摩崖线刻等。上院建有药王殿、奶奶殿。碑刻散落于前、后院。原有建筑被毁，现存老师洞、水月观音造像、凝公长老说法像、崖壁间的摩崖造像

紫金山大云院石窟全景

紫金山大云院石窟水月观音像

与题刻以及大云院寺院建筑基址等文物遗存。

水月观音及《西游记》题材造像位于后院崖壁上，坐东朝西，造像下方正中有题记“时大元至元三十年岁次癸巳季春上旬有六日住持大云老人道凝镌观音之记”。造像为拱形龛，平顶，龛总高 1.5 米，底宽 2.45 米，前设保护性窟檐。主尊为水月观音，高 0.88 米，其背后为葫芦形背光。水月观音坐于长 1.2 米、宽 0.5 米的岩石台座上，身体微侧。观音两侧分立披甲立杵武士和金刚力士，高 0.4 米，形象刚猛矫健。观音造像下方为《唐僧取经图》石刻造像。

老师洞位于后院崖壁下部，洞为方形，洞口宽 1.6 米，高 1.5 米，深 2.16 米。洞后置石榻，长 2 米，宽 0.66 米，高 0.2 米，是大云院法师修行之所，其历史可追溯至五代后唐清泰元年（934）始有禅师道逸居洞修行。

凝公长老说法像位于后院北侧岩壁上，高 0.3 米，宽 0.3 米。正中线刻《凝公长老说法图》。右侧书“大云禅院”，左侧书“凝公长老”。

元代水月观音造像下方的《唐僧取经图》石刻造像，是首次在晋城发现以石刻形式表现《西游记》故事的石刻作品，对研究《西游记》故事的演变历史、流传区域和晋城地区佛教的发展及石刻艺术流变等具有重要的意义。

崇明寺

位置　晋城市高平市河西镇郭家庄村

时代　宋代至明代

类型　古建筑

2001年，被国务院公布为第五批全国重点文物保护单位。

崇明寺创建于宋开宝年间，明万历十九年（1591）、清道光六年（1826）均有重修。现存建筑中殿为宋代遗构，余为明清风格建筑。寺坐北朝南，占地面积1958平方米。现存山门、中殿、后殿及东、西配殿，翼楼等。

中殿为寺内主体建筑，创建于宋开宝四年（971），石砌台基，高0.5米。殿身面阔三间，进深六椽，单檐歇山顶，琉璃脊饰。梁架为六椽栿通檐用二柱，殿内原设有平棊，草栿由两根同等截面、同等长度的短材相对而成，即“断梁”结构，断梁中缝下用顺栿串承托，两端架于后檐柱斗栱后尾上，柱头不施普拍枋，柱头斗栱七铺作双杪双昂计心造，补间六铺作斗栱一朵。前檐明间施双扇门，两次间置棂窗。中殿内

崇明寺中殿梁架

崇明寺鸟瞰

崇明寺中殿正立面

使用的一对“断梁”，结构独特，是民间匠师的独特创造，在建筑史中具有重要的研究价值。

后殿为明代建筑，面阔五间，进深六椽，单檐悬山顶，琉璃脊饰。柱头斗栱五踩，金柱上有明万历十九年（1591）施柱题记。

寺内保存有宋淳化二年（991）《创建敕赐圣佛山崇明寺记》碑 1 通，明代补修碣 1 方，清代重修碑 1 通。

开化寺

位置：晋城市高平市陈区镇王村

时代：宋代至清代

类型：古建筑

2001年，被国务院公布为第五批全国重点文物保护单位。

开化寺创建于北齐武平年间，唐昭宗时称“清凉兰若”，宋天圣八年（1030）改称“开化禅寺”。宋崇宁年间、金崇庆元年（1212）、明万历十年（1582）和万历二十八年（1600）、清顺治二年（1645）和康熙三十一年（1692）均有重修和增建。现存大雄宝殿为宋代原构，观音殿为金代遗构，余皆为明清时期建筑。

寺坐北朝南，占地面积1926平方米，二进院落布局，中轴线上建有山门（大悲阁）、大雄宝殿、演法堂（新修），两侧为配殿，有寺外方丈院等。寺外存高僧墓塔4座，历代碑碣16通（方）。

山门（大悲阁），位于开化寺主院中轴线前部，是开化寺的山门，创建年代不详，现存结构具有明显的明代风格。底层面阔三间，进深三间，南北方向为砖券的门洞，通面阔为9.62米，通进深为8.74米，楼阁压檐石高出地面18厘米。底层设金柱4根，用于支撑第二层楼板，二层梁架结构为七檩四周回廊式，檐下斗栱为五踩单翘单昂，后尾施翼形栱，屋顶为重檐歇山式，楼阁总高14.56米。

大雄宝殿又称“中殿”，创建于北宋熙宁六年（1073）。条石台基，高1.19米。殿身面阔三间，进深六椽，单檐歇山顶，琉璃脊兽。梁架结构六架椽屋四椽栿对后乳栿通檐用三柱，檐下柱头斗栱五铺作，单杪单下昂，补间隐刻一斗三升斗栱，柱底施莲花覆盆柱础。殿内当心间施有平棊、八角形藻井，次间彻上明造，北、东、西三壁绘有宋代壁画。梁枋为宋代彩画，明清重绘，栱眼壁中彩画仍为宋代原作，前檐平柱青石抹角方形，上有宋熙宁六年（1073）施柱题记。壁画内容为《佛传》故事，人物形象逼真，服饰色彩鲜艳，线条流畅，富有艺术美感，有重要的历史和艺术价值。

演法堂，位于大雄宝殿之后，现仅存台明及 4 根前檐石柱，台明高 85 厘米，台明前有垂带踏步二级，前檐石方柱高 2.23 米。

开化寺鸟瞰

开化寺山门（大悲阁）正立面

开化寺大雄宝殿（中殿）正立面

游仙寺

位置 晋城市高平市河西镇宰李村

时代 宋代至清代

类型 古建筑

2001年，被国务院公布为第五批全国重点文物保护单位。

游仙寺原名“慈教院”，据寺内所存碑文记载，创建于宋淳化元年（990），后毁于兵火，金、元、明、清各代均有重修。现存建筑前殿为宋代遗构，中殿为金代遗构，余皆为明清建筑。寺坐北朝南，占地面积3609平方米，三进院落布局，中轴线上建有山门、前殿、中殿、后殿，两侧为东、西庑，配殿。寺内另置偏院1处。

前殿又名“毗卢殿”。宋淳化元年（990）重修。石砌台基，高0.77米，面阔三间，进深六椽，单檐歇山顶，琉璃脊饰。梁架结构六架椽屋四椽栿对后乳栿通檐用三柱，彻上露明造。四椽栿、平梁皆为“草栿”做法，檐柱有显著侧脚和生起，柱头斗栱五铺作双杪偷心造。举折平缓，出檐深远，外观庄重稳健，是研究宋代建筑重要的实物资料。

中殿又名“三佛殿”，金代建筑，多次重修。石砌台基，高0.57米，面阔五间，进深六椽，单檐悬山顶，琉璃脊饰。梁架为六架椽屋四椽栿对前后劄牵通檐用四柱，四椽栿上置平梁及侏儒柱。

后殿石砌台基，高0.4米，面阔五间，进深四椽，前檐设廊，单檐硬山顶。

寺内保存有宋代碑1通，明代碑1通，清代碑2通。

游仙寺鸟瞰

游仙寺前殿（毗卢殿）

游仙寺中殿（三佛殿）

大周村古寺庙建筑群

位置　晋城市高平市马村镇大周村

时代　宋代至清代

类型　古建筑

2013年，被国务院公布为第七批全国重点文物保护单位。

大周村古寺庙建筑群，由资圣寺、五虎庙、汤王庙、元帝阁、百子桥、砖塔、宋代地道等组成。

资圣寺居村落中央，坐北面南，二进院落布局，占地面积2112平方米。现存观音阁、天王殿、毗卢殿、雷音殿。毗卢殿为北宋遗构，雷音殿为明代建筑，其余为清代建筑。毗卢殿面阔、进深均为三间，单檐歇山顶，筒板瓦屋面。檐下设斗栱，为五铺作单杪单下昂，外为重栱计心造，里转双杪，偷心造。批竹昂，昂形耍头，横栱抹斜，补间铺作隐刻。殿内厅堂构架，四椽栿对乳栿用三柱。

五虎庙位于大周村南，坐东朝西，创建年代不详，现存建筑为清代风格。仅存正殿，面阔五间，进深五椽，六檩前廊

大周村古寺庙建筑群资圣寺毗卢殿柱头斗栱

大周村古寺庙建筑群鸟瞰

式构架，单檐悬山顶，琉璃脊饰。

汤王庙位于大周村中，坐北朝南，创建年代不详。据庙内碑文记载，明弘治元年（1488）、清嘉庆年间曾维修。现存正殿为元代遗构，配殿为明代风格建筑。中轴线上仅存正殿，两侧为配殿。正殿面阔五间，进深六椽，单檐悬山顶，前檐施大额枋。梁架结构为四椽栿后对乳栿，用硕大自然弯材，采用移柱、减柱造。庙内现存明代重修碣 1 方，清代重修碑 1 通。

大周村古寺庙建筑群资圣寺毗卢殿正立面

元帝阁位于大周村西，创建年代不详。据阁内碑文记载，清道光十一年（1831）维修。现存为清代建筑。阁坐西朝东，一进院落布局，中轴线上仅存正殿，两侧为厢房等。正殿面阔三间，进深四椽，重檐歇山顶，琉璃脊饰。阁内现存清代碣 2 方。

西李门二仙庙

位置　晋城市高平市河西镇西李门村

时代　金代至清代

类型　古建筑

2006年，被国务院公布为第六批全国重点文物保护单位。

西李门二仙庙据庙内碑文记载，其历史可上溯至唐代，金正隆二年（1157）、大定二年（1162）及明、清均有修葺。庙坐北面南，二进院落布局，中轴线上建有山门、中殿、后殿，两侧为廊庑、配殿，山门外建有戏台。现存建筑中殿为金代遗构，其余为明清风格建筑。

山门面阔三间，进深四椽，单檐悬山顶，灰筒板瓦覆顶。

中殿创建于金正隆二年（1157）。青石台基，高1.15米。前设石雕须弥座式月台，面阔三间，进深六椽，单檐歇山顶。梁架为六架椽屋四椽栿对前乳栿通檐用三柱，前一间设廊，檐下柱头斗栱五铺作双昂重栱造。前檐用方形抹棱石柱，莲瓣覆盆柱础，青石雕门框，门枕石上雕卧狮。

后殿面阔三间，进深四椽，单檐悬山顶，经明、清多次重修，主体已改变，部分结构如台基、门枕石、斗栱仍保留原有形制。

西李门二仙庙鸟瞰

西李门二仙庙中殿正立面

西李门二仙庙中殿侧立面

中坪二仙宫

 位置：晋城市高平市河西镇西李门村

 时代：金代至清代

 类型：古建筑

2006年，被国务院公布为第六批全国重点文物保护单位。

中坪二仙宫的历史可上溯至唐天祐年间，金代、元后至元五年（1339），以及明、清各代均有重修和增建。宫观坐北面南，单进四合院，中轴线上建有山门（上建倒座戏台）、正殿，两侧有东、西翼楼及廊庑、配殿、角殿。现存正殿为金建元修，余皆明清建筑。

正殿于金大定十二年（1172）重修，元后至元五年（1339）补修，现存主体结构为金建元修。石砌台基高0.81米，面阔三间，进深六椽，单檐歇山顶，筒板布瓦屋面，琉璃脊饰。梁架结构六架椽屋四椽栿对前乳栿通檐用三柱，前一间为廊。柱头施五铺作双昂斗栱，补间五铺作。前檐施抹角方形石柱，素平方形柱础。殿内安装门窗，明间为隔扇门，次间为直棂窗。殿内有砖雕须弥座式神台，束腰处有金大定十二年（1172）题记。

中坪二仙宫戏台

中坪二仙宫鸟瞰

中坪二仙宫正殿

戏台坐南面北，面阔三间，进深六椽；由纵向隔墙分为两部分，北半部分为二层，南半部分为一层，梁架为六檩前廊式，单层檐悬山顶，布瓦屋面，脊与脊饰均为琉璃件，砂石砌筑台基，建筑面积约 80.52 平方米，前后檐施砂石阶条石，砂石板散水。一层地面为条砖糙墁，二层地面为小方砖细墁，由纵向隔墙将平面分为南、北两部分，两部分室内地平北高南低。

二郎庙

位置 晋城市高平市寺庄镇王报村

时代 金代至清代

类型 古建筑

2006年，被国务院公布为第六批全国重点文物保护单位。

二郎庙创建年代不详，现存戏台为金代建筑，余为明清风格。庙坐北朝南，一进院落布局，占地面积约1433平方米。中轴线上建有戏台、献殿、正殿，东、西两侧有厢房、耳殿。

戏台为石砌须弥座台基，高1.1米，束腰部残存有化生童子、莲花、缠枝花卉图案，并有“大定二十三年（1183）岁次癸卯秋十有五日石匠赵显赵志刊”题记，是中国目前发现最早的戏台建筑。戏台平面略呈方形，长7.4米、深5.9米。台身四角立柱，四柱上设大额枋，柱头上施有转角斗栱，每面补间各两朵。昂皆为真昂，后尾挑于平榑下，形成方形框架承托屋架，整体构架简洁严密，完好地保存了金代乐亭的形制。

献殿位于正殿前方，其后檐台明与正殿前檐台明之间由条石铺墁的排水平台相连，面阔三间，进深四椽五架，单檐悬山顶。殿内保存有明万历九年（1581）石供桌1具，由鼎足座、桌身、桌面3个部分组成，桌身正面浮雕麒麟1只，头前方饰以仰月、蝙蝠、宝珠，后尾饰以如意、象牙等宝物造型；两边浅浮雕石牌各1方，其上刻有雕凿年代，桌身背面雕刻分为3层15方，雕刻内容为麒麟、祥鹿、鹤、虎等瑞兽图案，桌身两侧高浮雕狮面各一，桌面四周由下而上分刻水波纹、花叶、竹节3层图形。

二郎庙鸟瞰

二郎庙山门前景

二郎庙戏台正立面

正殿面阔五间，进深七椽八檩，单檐悬山顶，柱头斗栱五踩双昂，琉璃脊饰，方形青石柱础。

二郎庙戏台古朴、简洁，是台基建在须弥座上，这是金代建筑特有的风格。须弥座束腰处有铭文“时大定二十三年岁次癸卯秋十有三日”，这清楚地记载了戏台的建造年代，据考该戏台为已知最早的金代戏台。

高平嘉祥寺

位置：晋城市高平市三甲镇赤祥村

时代：金代至清代

类型：古建筑

2013年，被国务院公布为第七批全国重点文物保护单位。

高平嘉祥寺始建年代不详，据庙内碑碣记载，寺历经元代、明万历四十二年（1614）和清代多次重修，坐北朝南，二进院落布局，占地面积约3220平方米。中轴线上建有天王殿、毗卢殿、大雄宝殿，两侧为钟鼓楼、观音殿、地藏殿、西厢房、西禅房、寮房、五观堂。大雄宝殿东侧辟跨院，内有厢房、东西耳房和藏经阁。现存毗卢殿为金代建筑，大雄宝殿为元代建筑，天王殿为明代建筑，余皆清代所建。

天王殿面阔三间，六架前檐廊，单檐悬山顶，筒板布瓦屋面，黑活脊兽。

毗卢殿面阔三间，进深六椽，单檐歇山顶，筒板瓦屋面。檐下斗栱四铺作单下昂，里转单杪，琴面昂头，补间隐刻。殿内厅堂构架，六架椽屋，四椽压乳用三柱，脊槫下用两材襻间，隔间相闪，叉手交丁华抹颏栱抵襻间枋。斗栱上要头、明间柱头铺作及令栱等构件为明代形制。殿内墙壁绘有壁画。

大雄宝殿面阔五间，进深六椽，单檐悬山顶，筒板瓦屋面，殿内梁架六架椽屋四椽压乳用三柱，梁架多为弯材，保存了元代建筑的风格。

高平嘉祥寺寺内石经幢

高平嘉祥寺外景

高平嘉祥寺毗卢殿正立面

寺内现存五代后周广顺三年（953）石经幢2座，青石质，幢首为仰莲，底座为方形须弥座，经幢通高约4米，八棱柱形幢身，高1.2米，每面宽0.2米；幢面楷书刻《佛说佛顶尊圣陀罗尼经》《佛说阿弥陀经》经文；绘刻大量鸟兽、飞天及乐人等，雕刻精美，栩栩如生，为研究美术及音乐的重要实物。

三王村三嵕庙

位置　晋城市高平市米山镇三王村

时代　金代、清代

类型　古建筑

2013年，被国务院公布为第七批全国重点文物保护单位。

三王村三嵕庙始建年代不详，庙坐北面南，现存一进院落，西侧为主院，东侧是偏院。据庙内已失残碑得知，三嵕庙重修于宋宣和年间，主祭三嵕兼祀道教诸神。正殿应为金代建筑，其余皆为清代建筑。

主院自南而北依次有倒座戏台的山门、献殿、三嵕殿和东、西廊庑；三嵕殿左、右各置配楼；山门左右为朵殿、角楼各1座；偏院北侧建祖师殿，东侧排房，院南开门。三嵕殿及东、西配楼，东、西廊庑和偏院祖师殿等保存基本完整，其他殿堂已毁。三嵕殿平面呈正方形，面阔、进深均为三间，单檐歇山顶，筒板瓦屋面，前檐设廊。檐下柱头斗栱四铺作单杪，补间斗栱各一朵，四铺作出单昂，圆栌斗，琴面昂，蚂蚱头，里转两跳偷心造，楔承挑斡，后尾置斗承下平槫。殿内梁架结构为六架椽屋四椽栿合压前乳栿用三柱，檐柱下方施莲瓣覆盆柱础，门墩石上雕卧兽1只。

三王村三嵕庙山门

三王村三嵕庙鸟瞰

三王村三嵕庙三嵕殿正立面

姬氏民居

位置 晋城市高平市陈区镇中庄村

时代 元代

类型 古建筑

1996年，被国务院公布为第四批全国重点文物保护单位。

据门枕石题记记载，姬氏民居创建于元至元三十一年（1294），2013年全面维修。姬氏民居是全国现存最早的民居。

民居坐北朝南，占地面积90平方米。现仅存正房，建于高0.3米的石砌台基上，面阔三间，进深六椽，单檐悬山顶；屋顶举折平缓，梁架结构六架椽屋四椽栿对前乳栿；当心间设前廊，平面呈“凹”字形；前檐柱头斗栱四铺作，补间隐刻一斗三升；当心间金柱槽安板门，上槛装门簪4枚，板门上装门钉5列；窗棂已改为现代方格窗，窗框上雕刻有花纹；青石门枕外侧刻“大元国至元三十一年岁次甲午……姬氏置石匠”题记。

姬氏民居鸟瞰

姬氏民居正房正立面

定林寺

位置：晋城市高平市米山镇米山村北约2千米大粮山山腰

时代：元代至清代

类型：古建筑

2001年，被国务院公布为第五批全国重点文物保护单位。

定林寺创建年代不详，五代后唐长兴年间，宋雍熙年间，金皇统八年（1148）、大定二年（1162）、泰和四年（1204），元延祐四年（1317）及明、清各代均有重修。寺坐北朝南，三进院落布局，占地面积4191平方米，中轴线上建有山门、雷音殿、七佛殿。前院东西为钟楼、鼓楼、配殿，中院建东、西廊庑，后院建东、西亭，东、西阁等，寺东辟有禅院。现存雷音殿为元代建筑，余皆明清风格建筑。

山门（观音阁），雄踞寺前，重檐歇山顶，前后出抱厦，面阔三间，进深三间，平面近方形。阁的底层前为板门，后为对开六抹隔扇，内设4根金柱直通上层，并在上层起角柱作用，斗栱为单下昂四铺作，上层斗栱五铺作双下昂计心造，角柱斗栱里转双杪五铺作承托藻井，斗栱之上置井口枋支撑平槫、脊檩。山门两边有悬山顶的钟、鼓楼，钟、鼓楼为3层，片瓦覆盖，筒瓦剪边不采飞。

雷音殿为寺内主体建筑，重修于元延祐四年（1317）。石砌台基，高0.18米。殿前设有月台。殿面阔三间，进深六椽，单檐歇山顶，琉璃脊饰。殿内梁架六架椽屋四椽栿对后乳栿通檐用三柱，柱头斗栱五铺作单杪单昂，补间斗栱一斗三升，素平方柱础。前檐当心间设板门，次间为直棂窗。殿顶琉璃构件为金代原作，脊刹有金泰和四年（1204）题记，门枕石上有元

“延祐四年四月初十记”题记，为大殿确切的建年题记。殿前石砌月台，月台前立有两座宋代八边形经幢，一为太平兴国二年（977），一为雍熙二年（985），均完好。经幢通高 4.4 米，下部用仰覆莲须弥座，束腰部分雕伏狮，幢顶施宝盖、莲座、仰莲和宝珠，幢身八面俱刻经文。

三佛殿，当地人称“转佛殿”，位于雷音殿之后，毁于 1958 年，现仅存遗址。

七佛殿，在三佛殿之后为“最上乘”，从此经 35 步陡级可直通后院，七佛殿便建于该院正北高台之上，面阔七间，进深六椽，两层单檐硬山顶。该殿建于清顺治年间，经 1958 年改造后已非原有风貌。

寺内现存金代重修碑 1 通，明代维修碑 4 通，清代重修及题诗碑 15 通。

定林寺山门（观音阁）正立面

定林寺雷音殿正立面

定林寺鸟瞰

清梦观

位置：晋城市高平市陈区镇铁炉村

时代：元代至清代

类型：古建筑

2006年，被国务院公布为第六批全国重点文物保护单位。

据碑文记载，清梦观由道人姬志玄于元中统二年（1261）创建。明万历四十年（1612）、清嘉庆二十二年（1817）和道光四年（1824）均有重修，现存中殿为元代建筑，正殿为明代重建，余为清代建筑。

清梦观坐北面南，二进四合院，东西宽35米，南北长68米，占地面积2380平方米。中轴线上建有山门、中殿、拜亭、正殿，左右建钟鼓楼、配殿、厢房、耳殿。观内现存元代创建碑1通，明清重修碑碣2通（方）。

中殿，又名“三清殿”，创建于元中统二年（1261）。石砌台基高0.40米，面阔三间，进深六椽，单檐歇山顶，灰筒板瓦屋面，琉璃脊饰。梁架六架椽屋五椽栿对前劄牵通檐用三柱，梁架上施有叉手襻间斗栱。前檐柱头斗栱四铺作单昂，补间四铺作单杪，柱底素覆盆柱础。明间装板门，次间安直棂窗。殿内四壁满绘壁画，内容为道教故事，以连环画的形式绘制而成。

正殿，又名“玉皇殿”，该殿与三清殿的创建年代相同，为元中统二年（1261），面阔三间，进深三间，梁架为五架梁压前后单步梁通檐用四柱，前檐廊式，单檐悬山顶。前后檐柱头科斗栱三踩单昂，昂形耍头。前檐装修明间辟置板门，次间设槛窗。

清梦观鸟瞰

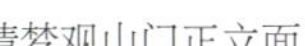

清梦观山门正立面

清梦观中殿（三清殿）正立面

清梦观内共保存元、明、清 3 个朝代的古建筑十余座，这些建筑为研究高平市及晋东南地区的古建筑文化、建筑技术与艺术、古建筑的发展、演变、形式构造等提供了实物例证。

古中庙

位置　晋城市高平市神农镇下台村

时代　元代至清代

类型　古建筑

2006年，被国务院公布为第六批全国重点文物保护单位。

古中庙创建年代不详，据庙内碑文记载，炎帝庙上庙建于羊头山，中庙建于下台村，下庙建于高平城关。元、明、清各代均有修缮。

古中庙坐北面南，二进院落布局，东西宽41米，南北长65.4米，占地面积2665平方米。中轴线上建有山门、无梁殿、正殿，两侧建厢房、配殿，山门外建东、西戏楼各四间。现存无梁殿为元代建筑，余皆清代重建。山门西侧建砖券偏门，额“炎帝中庙”，原为庙的入口。

无梁殿，又称“献亭”，因殿内不设梁栿而俗称“无梁殿”。石砌台基，高1.20米，面阔一间，进深四椽，单檐歇山顶，筒板布瓦屋面，四架椽屋，周椽施大额枋，老角梁后尾架抹角梁，上施斗栱挑承屋架，殿内设八角形藻井，中悬垂莲柱。柱头斗栱五铺作，柱底施方形素面柱础。

古中庙鸟瞰

古中庙无梁殿（献亭）正立面

古中庙无梁殿（献亭）背立面

良户玉虚观

位置 晋城市高平市原村乡良户村

时代 元代至清代

类型 古建筑

2013年，被国务院公布为第七批全国重点文物保护单位。

据正殿台基题记记载，良户玉虚观创建于金大定十八年（1178），元至元十六年（1279）《新修玉虚观记》碑记载，全真派道士申志谨在原道观基础上修建玉虚观，此后，明、清两代亦留有修缮记录。魁星楼重建于清道光十八年（1838），南房建于清嘉庆十七年（1812）。

观坐北朝南，占地面积约1600平方米，中轴线上建有中殿、正殿，两侧为配殿、西耳殿，院门位于东北隅，庙外东南侧建有清代魁星楼1座。其中，现存正殿、西配殿为元代遗构，中殿为明代建筑，西耳殿、配殿为清代建筑。

正殿面阔五间，进深三间，单檐悬山顶，筒板瓦屋面。柱头斗栱五铺作双杪，重栱计心造，补间铺作隐刻，华栱作琴面假昂，梁头出作足材耍头，外檐使用大通额，当心间和次间外檐装修用壶门。

良户玉虚观石雕构件

良户玉虚观鸟瞰

良户玉虚观正殿正立面

中殿面阔三间，单檐悬山顶，筒板瓦屋面。前檐柱头斗栱为五铺作，后檐四铺作，前檐补间一朵，施斜栱，出龙形耍头。梁架结构为六椽通檐用两柱。

西配殿面阔三间，进深两间，单檐悬山顶，筒板瓦屋面，檐下斗栱为五铺作双杪，补间一朵，驼峰承一斗三升。

南庄玉皇庙

位置 晋城市高平市河西镇南庄村

时代 元代至清代

类型 古建筑

2013年，被国务院公布为第七批全国重点文物保护单位。

据庙内碑文记载，南庄玉皇庙始建于东汉建武二年（26），自唐至清各代皆有修缮。现存正殿为元代遗构，余均为明清时期建筑。庙坐北朝南，依地形分为上、下两院，占地面积约2500平方米。现存有舞楼（山门）、献殿、正殿，以及东、西配殿，东、西厢房，东、西看楼等。

正殿面阔三间，单檐悬山顶，筒板瓦屋面，前檐斗栱为五铺作双杪，单栱计心造，皆作假琴面昂，扶壁泥道单栱，横栱抹斜。补间铺作逐间施一朵，当心间补间铺作出斜栱，蚂蚱头斜杀内凹与龙形耍头共存。前檐用大通额，殿内无金柱。叉手与丁华抹颏栱相交直抵脊槫，平槫下仅用替木，无襻间做法。

舞楼（山门）面阔、进深均为三间，单檐悬山顶，筒板瓦屋面，三踩单昂斗栱。两次间为琉璃照壁，东照壁台基处题记“明万历三十四年（1606）七月初一日立”。

南庄玉皇庙正殿梁架

南庄玉皇庙鸟瞰

南庄玉皇庙舞楼（山门）

董峰万寿宫

位置　晋城市高平市原村乡上董峰村

时代　元代至清代

类型　古建筑

2013年，被国务院公布为第七批全国重点文物保护单位。

董峰万寿宫又名“圣姑庙”，据庙内碑文记载，创建于元至元二十一年（1284），元、明、清各代均有修缮。万寿宫坐北朝南，二进院落布局，占地面积1285平方米。中轴线上从南至北建有山门、三教殿、倒座戏台、玉宇石亭、圣姑殿，两侧现存东配殿（东云亭）、西配殿（西云亭）、西厢房，以及东、西耳房，东、西角殿。三教殿、圣姑殿为元代建筑，余皆清代建筑。

三教殿面阔三间，进深六椽，单檐歇山顶，筒板瓦屋面，琉璃脊饰，梁架结构为前四椽栿对后乳栿通檐用三柱，殿内柱网减柱造，只在后檐用内柱两根。前檐柱头铺作五铺作单杪单昂重栱计心造，耍头亦作昂式。当心间、补间铺作为五铺作双杪计心造，里转用挑斡撑于下平槫斗栱之下。次间、补间铺作为五铺作单杪单下昂里转出双杪计心造，用讹角栌斗，耍头亦作昂式，其下昂与耍头里转呈挑斡。殿内东、西墙壁上遗存有元代壁画。

圣姑殿面阔五间，单檐悬山顶，柱头斗栱五铺作双昂，用讹角栌斗，梁架结构为三椽栿通达用二柱，金柱间用大额枋及绰幕枋承托。清代在殿前檐及两山续建围廊，主体结构仍为元代。

庙内其他附属建筑皆为清代小式建筑，现存历代重修碑14通，其中元代碑4通、明代碑3通、清代碑7通。

董峰万寿宫鸟瞰

董峰万寿宫山门正立面

董峰万寿宫三教殿侧立面

建南济渎庙

晋城市高平市建宁乡建南村

元代至清代

古建筑

2013 年，被国务院公布为第七批全国重点文物保护单位。

建南济渎庙创建年代不详，据庙内碑文记载，清康熙三十一年（1692）重修。庙坐北朝南，占地面积约 3358 平方米，三进院落布局，中轴线上建有一道山门、二道山门、献殿（遗址）、济渎殿、后宫，两侧为便门、夹殿、耳殿、钟楼、鼓楼、配殿等。现存济渎殿和后宫为元代建筑，山门为明代建筑，其余为清代建筑。

一道山门面阔三间，进深四椽，悬山顶，筒板瓦屋面琉璃剪边，琉璃脊。柱头科五踩重昂，平身科五踩单翘单昂并出斜翘。二道山门面阔三间，进深四椽，柱头施用大额，悬山顶，筒板瓦屋面琉璃剪边，琉璃脊。柱头科九踩单翘单昂并出 45° 斜翘，斜要头作龙形，平身科九踩无斜翘。

济渎殿面阔五间，进深六椽，梁架为四椽栿对前乳栿通檐用三柱，布瓦屋面，琉璃脊饰琉璃剪边，悬山顶。斗栱五铺作双昂，补间铺作里转用挑斡和靴楔，柱头均用阑额、普拍枋连构。

后宫面阔五间，进深六椽，梁架为四椽栿压前乳栿通檐用三柱，布瓦屋面，琉璃脊饰，琉璃剪边，悬山顶。前檐斗栱四铺作双昂，补间铺作里转用挑斡和靴楔，柱头均用阑额、普拍枋连构。

建南济渎庙全景

建南济渎庙一道山门远景

建南济渎庙济渎殿正立面

石末宣圣庙

位置　晋城市高平市石末乡石末村

时代　元代、清代

类型　古建筑

2013 年，被国务院公布为第七批全国重点文物保护单位。

石末宣圣庙据庙内碑文记载，创建于元大德八年（1304）。庙坐北朝南，占地面积 1230 平方米。中轴线上建有山门、正殿，两侧为妆楼、配殿、耳殿。正殿为元代遗构，余皆为清代建筑。

正殿面阔五间，进深六椽，单檐悬山顶，殿顶黄绿琉璃脊饰，殿内柱网减柱造，只在后檐用内柱，内柱间用大额枋及绰幕枋纵向连构，柱头铺作为五铺作双昂重栱计心造。各间用补间斗栱一朵，明间一朵五铺作双杪重栱计心造，并出 45° 斜栱；次间、稍间一致，五铺作双杪重栱计心造里转出双杪。补间斗栱里转皆用挑斡和靴楔。

山门亦称“倒座戏台”，面阔五间，五间无廊，悬山顶。一层为进出庙宇的通道，二层为戏台。东、西配殿，面阔七间，六架前檐廊，悬山顶。正殿东、西耳殿，面阔三间，五架无廊，硬山顶。山门东、西妆楼二层，面阔三间，五架无廊。

庙内现存元大德八年（1304）、泰定三年（1326）碑 2 通。

石末宣圣庙鸟瞰

石末宣圣庙山门（倒座戏台）

石末宣圣庙正殿正立面

团东清化寺

位置　晋城市高平市神农镇团池村

时代　元代至清代

类型　古建筑

2019年，被国务院公布为第八批全国重点文物保护单位。

团东清化寺创建年代不详，其中如来殿为宋建元修建筑，余皆为清代建筑。

寺坐北朝南，四进院落，占地面积约2275平方米。中轴线上建有山门（已毁）、如来殿、三佛殿、七佛殿，两侧建有诸神殿（水陆殿）、看楼、禅房、配楼、禅堂、厢房。

如来殿位于中轴线南端，坐北面南，面阔、进深各三间，平面方形，进深六椽，单檐歇山顶，琉璃脊饰，梁架结构为四椽栿对后乳栿前后通檐用三柱，柱头斗栱四铺作单下昂，补间一朵。

三佛殿位于七佛殿南侧，坐北面南，平面矩形，前后檐均辟门。面阔三间，进深七椽，梁架结构为前单步梁对中五架梁接后双步梁通檐用四柱，单檐不厦两头造。

七佛殿位于寺北端，坐北面南，面阔五间，进深两间，平面矩形。梁架结构为前双步梁对后五架梁通檐用三柱。

团东清化寺全景

团东清化寺如来殿正立面

团东清化寺三佛殿正立面

仙翁庙

位置：晋城市高平市寺庄镇伯方村

时代：明代至清代

类型：古建筑

2013年，被国务院公布为第七批全国重点文物保护单位。

仙翁庙创建年代不详，据庙内碑文记载，元皇庆二年（1313）、明景泰六年（1455）和嘉靖十七年（1538）均有重修，现存建筑主要为明清遗构。

庙坐北朝南，一进院落布局，占地面积约2122平方米，沿中轴线自南向北建有山门、乐楼、过廊、献殿、正殿，两侧建有耳殿、配殿等。

正殿面阔五间，进深六椽，筒瓦悬山顶，琉璃脊饰，正脊上有明“嘉靖十七年”题记，檐下施五踩单翘单昂斗栱，前檐柱为方形抹角石柱，柱上架通长大额枋，延续早期做法。正殿内东、西、北三面内壁满绘明代道教壁画。

献殿紧邻正殿前檐，梁架方向与正殿前檐平行，进深三间，面阔八架，明代建筑。献殿南连过廊，过廊八间，四架梁卷棚顶，向南连至乐楼。

乐楼两层，平面呈方形，面阔、进深各三间，歇山顶。南端为两层山门，面阔三间，一层为通道，二层为倒座戏台，戏台悬山顶，梁架结构为六架带前后廊。

仙翁庙鸟瞰

仙翁庙山门正立面

仙翁庙一进院落全景

高平铁佛寺

位置：晋城市高平市米山镇米西村上西门街铁佛寺巷

时代：明代至清代

类型：古建筑

2019年，被国务院公布为第八批全国重点文物保护单位。

高平铁佛创建年代不详，金大定七年（1167）铸造铁佛，重建铁佛寺，明嘉靖元年（1522）和二十六年（1547）、万历三年（1575）及清代均有重修。

寺坐北面南，单进四合院，中轴线上建有南殿（天王殿）、正殿，两侧有东、西僧舍各5间，山门辟于东南角。现存建筑为明清风格。正殿为明代重修。

正殿坐北朝南，位于寺院北端，面阔三间，进深六椽，单檐悬山顶，梁架结构为七架梁通檐用三柱，筒板布瓦屋面，琉璃脊饰。门枕石上有“记大定七年七月十三日铸铁佛起立重修铁佛寺，嘉靖元年（1522）十一月初八日重修”题记。殿内明间及东、西山墙下辟有佛坛，正中为一佛、二菩萨，两侧为二十四诸天，扇面墙塑观音，背后悬塑《西游记》故事。

南殿（天王殿）位于院落南端，坐南面北，面阔三间，进深四椽，单檐不厦两头造，梁架结构为五架梁通檐用二柱。

高平铁佛寺鸟瞰

高平铁佛寺南殿（天王殿）正立面

高平铁佛寺正殿正立面

羊头山石窟

位置　晋城市高平市神农镇李家庄村

时代　南北朝至唐代

类型　石窟寺及石刻

2006年，被国务院公布为第六批全国重点文物保护单位。

羊头山石窟始建于北魏太和年间，北齐、隋、唐各代屡有增建。山腰至山顶共计9个洞窟，雕凿于大型的砂岩上，洞窟大小不一，平面多为方形。一石一窟居多，个别洞窟为一石二窟或一石三窟。其中第五窟最大，石窟内龛面整齐，四面满雕佛像，或一佛、二弟子或一佛、二菩萨，洞外现存诸多小龛，有佛、菩萨、天王、力士、供养人等像，形制各异，雕工精细。另外，山腰至山顶有千佛造像碑1通，唐制石塔2座，高约4—6米。山顶四面造像塔形制独特，为北魏所造，塔座为伏羊状，为全国所罕见。

一号石窟为唐代石窟风格。仅存一大龛，坐北朝南，龛平面略呈椭圆形，敞口、平顶，面宽1.22米，进深1.04米，高1.38米，方形龛柱，尖拱形龛楣，楣面上饰云气纹。龛内环壁设高坛，坛上雕一佛、二菩萨、二弟子、二天王像。佛高0.48米，头毁，双肩宽厚，内着僧祇支，外着双领下垂式袈裟，结跏趺坐于莲台上，莲台下接莲茎，主茎派生6支莲台，上雕弟子、菩萨、供养人及舞童像。

二号石窟为唐代石窟风格，分布于东西略长的巨石之上。崖面西、南两面开凿龛像。龛像分为上、下共3层，大小共计19龛，造像题材一佛、二菩萨，仅一龛为一佛、二菩萨、二弟子。主龛上雕有带鸱尾的屋脊样式，两侧有斜向的龛檐沟槽遗痕。佛相丰满，肉髻宽大，颈短，双肩宽平，内着僧衹支，外着双领下垂式袈裟，裙摆缠足，结跏趺坐于莲座上。菩萨头戴高冠或束高髻，颈下有圆环形项圈，帔帛横于腹膝二道，上身袒露，下身着裙，腹饰裙腰。多为宽肩细腰，身姿呈“S”形。一龛下有“乾封元年（666）八月二十日……”题记。

三号石窟为北魏石窟风格，位于东西向的一块巨石之上。洞窟形制同第五窟，面宽2.38米，进深1.68米，高2.2米。重形窟门两侧雕立佛各1尊，高1.4米，高肉髻，身着双领下垂式袈裟，裙摆内外两层，“八”字形展开，双足外撇立于方座莲台之上，身后设舟形背光。窟内三壁均开有圆拱龛，雕一佛、二菩萨。正壁龛宽1.1米，高1.2米，方形莲柱，尖拱形龛楣，梁尾凤鸟口衔宝珠回首反顾；佛像高0.74米，身着褒衣博带式袈裟，结跏趺坐于方座之上；菩萨像高0.65米，头两侧宝缯下垂及肩，颈下饰桃尖形项圈，上身斜披僧衹支，下身着裙，双肩敷搭帔帛，手持净瓶、锁状物，立于莲台之上。龛外满雕千佛小龛。

五号石窟为北魏石窟风格，位于东西向的一块巨石之上。洞窟平面长方形，四角攒尖顶，窟门两侧雕力士各1身。窟内三壁三龛皆作圆拱形尖楣龛，内雕一佛、二菩萨。正壁龛方形莲柱，梁尾龙首反顾；佛高1.06米，双肩较宽，内着僧衹支，外着褒衣博带式袈裟，裙摆内外三层，披覆于座前，呈“八”字形展开，于方座之上结跏趺坐，身后舟形背光；两侧菩萨立于莲台之上，颈饰项圈，上身斜披僧衹支，下身着裙，双肩敷搭帔帛，手持净瓶、锁状物，立于莲台之上。龛外满雕千佛小龛。

羊头山石窟外景

羊头山石窟局部

长平之战遗址

位置　晋城市高平市东西梁山之间丹河附近河谷地带

时代　战国

类型　古文化遗址

1986 年，被山西省人民政府公布为第二批省级文物保护单位。

长平之战遗址属战国古遗址，遗址范围广阔，西起骷髅山、马鞍壑，东到鸿家沟、邢村，宽约 10 千米；北起丹朱岭，南到米山镇，长约 30 千米。

1995 年，山西省考古研究所、晋城市文化局、高平市博物馆联合对永录 1 号尸骨坑进行了考古发掘工作。1 号尸骨坑的平面呈不规则长方形，开口距离地表仅 0.3 米左右。坑内埋葬个体推测约有 130 具，人骨既缺乏一定的排列秩序和分布规律，也无层次可循，头朝向为东、西、南、北皆有，面朝上、下及两侧均见；葬式上统计俯身较多，仰身次之，侧身再次。综合特点概之为“杂乱无章、纵横相叠”的乱葬坑。1 号尸骨坑发掘所出遗物有铜镞 2 件、铜带钩 1 件、铁带钩 1 件、铁簪 1 件、陶盆口沿残片 1 件。

永录 1 号尸骨坑为一次性乱葬坑，从坑内人骨性别全是男性，年龄组合主要为中青年并伴有兵器出土，多处发现尸骨坑等因素分析，它应该是战争的产物，遗骸皆为非自然死亡。长平之战，赵国降卒被坑杀 40 余万，当时“流血成川，沸声若雷”“露骸千步，积血三尺”“秦虽破长平军，而秦卒死者过半”。结合出土遗物的分析，永录 1 号尸骨坑内的遗骸应是赵军亡卒。

长平之战遗址远景

长平之战遗址永录 1 号尸骨坑

长平之战遗址出土戟

永录 1 号尸骨坑是长平之战尸骨坑的首次正式发掘，出土的遗物和遗骸对研究长平之战乃至战国历史具有重要价值和意义。这里出土的刀币为赵国的直背刀和燕国的明刀，从形制和字体的演化上看，其铸行的时代应在战国晚期。赵燕相邻，货币经济关系较深，尤其是政治上的合纵连横促进了区域间经济往来和贸易发展，燕明刀在赵国的流通应是正常现象。再结合其他出土文物和遗骸综合分析，永录 1 号尸骨坑的时代应为战国晚期，更进一步讲，应是公元前 260 年长平之战埋葬赵国亡卒之尸骨坑。

南赵庄二仙庙

位置 晋城市高平市南城街道南赵庄村

时代 宋代、清代

类型 古建筑

2021年，被山西省人民政府公布为第六批省级文物保护单位。

据庙内《重修贞泽庙记》记载，南赵庄二仙庙创建于宋乾德五年（967）。宋政和五年（1115），元中统二年（1261）、至元二十一年（1284），及明、清均有修建。结合晋东南地区宋至清木构建筑结构特征分析判断，正殿为宋代遗构，其他均为清代建筑。

庙坐北朝南，一进院落布局，占地面积1228平方米。中轴线上建有照壁、戏台、正殿，两侧为东、西妆楼，东、西厢房，东、西配殿。

正殿面阔五间，进深五椽，单檐歇山顶，副阶周匝（20世纪80年代修缮时，对正殿后廊部分进行了干预，致使后廊无存）。梁架为四椽栿前劄牵用四柱，檐下施柱头铺作，五铺作双杪，第一跳偷心，栌斗坐柱头，阑额不出头，廊四周斗栱素枋之间用螳螂榫连构，平梁以下驼峰、襻间、四椽栿、铺作及柱额为宋代遗构，平梁之上脊槫、蜀柱、叉手为清代维修时遗构。

庙内保存碑碣6通（方）。

南赵庄二仙庙鸟瞰

南赵庄二仙庙正殿

河西三嵕庙

位置：晋城市高平市河西镇河西村

时代：金末元初、清代

类型：古建筑

2021年，被山西省人民政府公布为第六批省级文物保护单位。

河西三嵕庙创建年代不详，正殿建筑时代为金末元初，其余为清代建筑。

庙坐北朝南，一进院落布局，占地面积1067平方米。中轴线上建有山门、献殿、正殿，两侧为东、西妆楼，东偏门，影壁，东、西配殿，东、西耳殿。

正殿面阔三间、进深六椽，单檐悬山顶，前出廊，四椽栿前压乳栿用三柱，前檐斗栱为五铺作双下昂，明间廊柱施移柱造，上施大额枋及绰幕方，前檐墙内嵌有北宋天圣十年（1032）《三嵕庙门楼下石砌基阶铭》碣，前檐明间东石柱上镌刻有宋政和元年（1111）“政和辛卯孟秋五日，重瓦正殿、五道殿、山门、行廊，新修补檐、献楼、殿阶谨记”等字迹。

庙内现存碑9通，题刻1处，经幢1座。

河西三嵕庙鸟瞰

河西三嵕庙献殿正立面

金峰寺

位置 晋城市高平市市区西南1千米西山东麓

时代 元代

类型 古建筑

1996年，被山西省人民政府公布为第三批省级文物保护单位。

金峰寺，据寺内现存元代碑文记载，创建于金大定三年（1163），后毁于兵火，元元统二年（1334）重建，明、清均有重修，1998年进行过维修。

寺坐西面东，三进院落布局，占地面积9100平方米，其中大雄宝殿、三圣殿为元代遗构，余皆为清代风格建筑。中轴线上依次建有山门、天王殿、大雄宝殿、三圣殿、观音殿，两侧为耳殿、配殿及厢房等。

大雄宝殿面阔五间，进深八椽，单檐悬山顶，梁架结构为四椽栿对前后乳栿通檐用四柱，柱头斗栱五铺作。

寺内现存元代重修碑1通，清代补修碑4通、碣1方。

金峰寺鸟瞰

金峰寺三圣殿正立面

团西炎帝庙

位置：晋城市高平市神农镇团西村村中

时代：元代至清代

类型：古建筑

2016年，被山西省人民政府公布为第五批省级文物保护单位。

团西炎帝庙创建年代不详，据庙内碑文记载，清康熙十一年（1672）曾补修。

庙坐北朝南，二进院落布局，占地面积约1523平方米，中轴线上建有戏台、炎帝殿、寝宫，两侧分别建耳殿、配殿等。现存炎帝殿为元代建筑，其余为清代建筑。

炎帝殿面阔三间，进深八椽，单檐悬山顶，琉璃脊饰，斗栱五铺作双昂出45° 斜栱。

庙内现存清代补修碑1通，民国布施碑1通。

团西炎帝庙对研究我国上古时代民间传说、炎帝文化、炎帝庙宇建筑发展与分布以及古代建筑史均有较高价值。

团西炎帝庙鸟瞰

团西炎帝庙炎帝殿正立面

河西玉皇庙

位置：晋城市高平市河西镇河西村

时代：元代、清代

类型：古建筑

2021 年，被山西省人民政府公布为第六批省级文物保护单位。

河西玉皇庙创建年代不详，据庙内碑文记载，清康熙十一年（1672）、康熙五十五年（1716）、康熙五十六年（1717）、乾隆十七年（1752）屡有修葺。结合晋东南金元木构建筑梁架结构，考其正殿为元代遗构，余皆清代建筑。

庙坐北朝南，一进院落布局，占地面积 930 平方米。中轴线上建有献殿、正殿，两侧为东、西配殿，东、西耳殿。

正殿面阔三间，进深六椽，单檐悬山顶，筒板瓦屋面。殿内采用移柱造。梁架结构为四椽栿前压乳栿用三柱，前出廊。

献殿面阔五间，进深一间，六檩卷棚式，前后用二柱。

庙内现存清代碑 2 通。

河西玉皇庙鸟瞰

河西玉皇庙献殿正立面

西窑头姬氏民居

位置 晋城市高平市陈区镇西窑头村

时代 元代、清代

类型 古建筑

2021年，被山西省人民政府公布为第六批省级文物保护单位。

西窑头姬氏民居始建年代不详，正房为元代遗构，其余为清代建筑。民居坐北朝南，一进院落布局，占地面积380平方米。中轴线上建有南房、正房，东侧为院门、东耳房。

正房平面为长方形，面阔三间，进深六椽，单檐悬山顶。梁架为四椽栿前压乳栿用三柱。前檐当心间于内柱间辟板门，次间于檐柱封墙中设窗，形成明间前廊式的“凹”字形平面布局。四椽栿上设蜀柱直承平梁，蜀柱间设柱间枋联络，内柱间设阑额联络，柱上设普拍枋。前檐柱头铺作为栌斗交要头出挑式。板门背面用5道穿带，正面相应有5排大圆帽铁钉，每列6枚。门槛、立颊、门额皆为木质，立颊和上槛镶边刻花共9层，一层为双层五瓣莲牙边，二层、七层刻竹节，三层、五层起双线，四层为牡丹，六层为卷草，八层、九层刻外枭线。窗槛、立颊、门簪为元代原物。

西窑头姬氏民居鸟瞰

西窑头姬氏民居正房梁架

古寨汤王庙

位置 晋城市高平市马村镇古寨村

时代 元代

类型 古建筑

2021年，被山西省人民政府公布为第六批省级文物保护单位。

古寨汤王庙俗称“南庙”，因正殿廊柱为金代雕花石柱，故当地村民又称之为“花石柱庙”。

据庙内正殿前檐廊石柱题记及石碣记载，正殿创建于金泰和七年（1207），清嘉庆八年（1803）修葺。2005年村民集资维修正殿。

庙坐北朝南，一进院落布局，占地面积1080平方米。正殿为元代遗构，位于中轴线北端，面阔三间，进深六椽，单檐悬山顶，梁架为四椽栿前压乳栿用三柱，前出廊。前檐四根方形抹角青石柱，四面雕花卉、动物、仙人、历史故事等。

古寨汤王庙鸟瞰

古寨汤王庙正殿正立面

府底玉皇庙

位置　晋城市高平市建宁乡府底村

时代　元代、清代

类型　古建筑

2021年，被山西省人民政府公布为第六批省级文物保护单位。

府底玉皇庙创建年代不详，元、明、清各代均有不同程度的修建，由东、西两座院落组成。

西院玉皇庙为主院，明崇祯元年（1628）重修山门，清乾隆五十四年（1789）重修正殿。中轴线上建有山门、正殿，两侧为东、西妆楼，东、西厢房，东、西配殿及东、西耳殿。正殿为元代遗构，其余为清代建筑。

玉皇庙坐北朝南，一进院落布局，占地面积849平方米。正殿平面为方形，面阔三间，进深六椽。梁架为四椽栿前压乳栿用三柱，前出廊，单檐悬山顶，筒板瓦屋面，前檐廊部施柱头铺作，为四铺作单下昂，令栱上施撩风槫。

东院关帝庙为偏院，清乾隆九年（1744）重修，光绪三十年（1904）建造戏台及驿屋。关帝庙坐北朝南，一进院落布局，占地面积518平方米，现存关帝殿、东偏殿、前殿。

庙内现存清代碑2通。

府底玉皇庙全景

府底玉皇庙东院关帝庙关帝殿正立面

邢村炎帝庙

位置 晋城市高平市三甲镇邢村

时代 元代至清代

类型 古建筑

2021 年，被山西省人民政府公布为第六批省级文物保护单位。

邢村炎帝庙创建年代不详，据庙内碑文记载，明宣德元年（1426）重修，1932 年进行过补修，2000 年、2004 年曾维修。正殿的建筑时代为元代至明代，其余皆为清代建筑。

庙坐北朝南，一进院落布局，占地面积 976 平方米。中轴线上建有山门、正殿，两侧为东、西厢房，东、西耳殿。

正殿面阔三间，进深六椽，单檐悬山顶，筒板瓦屋面。平面柱网移柱造，梁架为四椽栿前压乳栿用三柱，前出廊。前檐斗栱为五铺作双下昂，柱头铺作外转出斜栱，补间铺作里转、外转皆出斜栱。

庙内现存碑 2 通。

邢村炎帝庙正殿正立面

邢村炎帝庙正殿梁架

高平瑞云观

位置

晋城市高平市北城街道新建南路40号

时代

元代

类型

古建筑

2021年，被山西省人民政府公布为第六批省级文物保护单位。

高平瑞云观，据乾隆《高平县志》记载，其旧在城东，名“白鹤观”，建于唐开元二十七年（739），明洪武年间迁至该巷西端，更名“瑞云观”。据观内石碣记载，清乾隆十年（1745）、三十二年（1767）、六十年（1795）先后进行修缮。结合晋东南地区宋元建筑遗构特征分析，考定前殿、后殿为元代遗构。

宫观坐北朝南，现仅存前殿和后殿，占地面积1420平方米。前殿面阔五间，进深五椽，单檐歇山顶，梁架为五椽栿通檐用二柱。后殿面阔五间，进深六椽，单檐悬山顶。殿内采用减柱造，乳栿对四椽栿用三柱，前檐斗栱为五铺作双下昂，第一跳为假昂，第二跳为真昂。

观内现存清代碣3方。

高平瑞云观后殿背立面

高平瑞云观前殿殿内梁架

双泉迎神馆

位置 晋城市高平市石末乡双泉村

时代 元代、清代

类型 古建筑

2021年，被山西省人民政府公布为第六批省级文物保护单位。

双泉迎神馆创建年代不详，正殿为元代遗构，其他为清代建筑。馆舍坐北朝南，一进院落布局，占地面积852平方米。中轴线上建有山门（戏台）、正殿，两侧为东、西妆楼，东、西看楼，东耳殿。

正殿面阔三间，进深六椽，单檐悬山顶，合瓦屋面。前檐柱及后槽内柱施减柱、移柱造，五椽栿后压劄牵用三柱，梁栿上立蜀柱，四椽栿外侧合楂与下平槫内侧双泉迎神馆正殿正立面驼峰相连，上平槫、下平槫之下施替木，脊部设丁华抹颏栱、叉手，前檐斗栱为五铺作，后槽内柱粗壮，收刹明显，柱头施通长15米的大额枋。

双泉迎神馆正殿殿内梁架

双泉迎神馆鸟瞰

双泉迎神馆正殿正立面

南杨贾氏民居

位置 晋城市高平市野川镇南杨村

时代 元代至清代

类型 古建筑

2021年，被山西省人民政府公布为第六批省级文物保护单位。

南杨贾氏民居为贾氏祖宅，其先祖为贾鲁，高平人，是元代著名的河防大臣，也是一位治理黄河卓有成效的水利专家。贾鲁28岁任东平路儒学教授，又被选为丞相东曹掾、户部主事。后奉诏专修《辽史》《金史》《宋史》，担任《宋史》的局官。人们为了纪念他，山东、河南有两条河均命名为“贾鲁河”。南杨贾氏民居正房为元代遗构，东、西耳房为明代建筑，其余为清代建筑。

民居坐北朝南，一进院落布局，占地面积552平方米。中轴线上建有倒座、正房，两侧为院门，耳房，东、西厢房，东、西耳房。正房平面近方形，面阔三间，进深六椽，单檐悬山顶，合瓦屋面，前出廊，四椽栿前压乳栿用三柱，梁栿上立蜀柱，脊槫下设叉手、丁华抹颏栱及捧节令栱，梁架间设襻间枋，明间所辟板门、次间窗装修为后人改换，廊部当心间及次间顶部设隔棚储物，是山西南部明代以后棚楼式建筑的先例。

南杨贾氏民居院门

南杨贾氏民居正房正立面

良户古建筑群

晋城市高平市原村乡良户村

明代至清代

古建筑

2016年，被山西省人民政府公布为第五批省级文物保护单位。

良户古建筑群三面环山，是一座规模宏大、极具特色的古村落，创建年代不详。现存建筑为明清风格，占地面积约2.2万平方米，完整保存民宅27处，庙宇2座。民居集中分布于良户村旧村内正街、东街、西街、太平街、报厦底街，庙宇分布于村东南。

民居平面类型主要为四合院，组合方式有穿堂院、二进院、三进院等。房屋多为二层，耳房或有三层，房屋之间有胡同、甬道相连接。主要民居有侍郎府、狮子院、复始第、高家院、罗家院、德茂典院、宁家四院、赵家院、双进士院、田家院、张家院、国朝军功院与书房院、宁家东西院、王家南院、上李家院、永和第院、田家院、俨若思院、袁家东院等。民居建筑中保留有大量的木雕、石雕、砖雕等艺术构件，门窗雕饰图案更是丰富多彩。

良户古建筑群保存了大量明、清两代民居院落及庙宇，整体规模较大，保存较为完整，是我省木构民居建筑的典型代表，具有鲜明的地域特征，对研究、保护我国明清民居建筑具有重要意义。

良户古建筑群全景

建北文庙

位置 晋城市高平市建宁乡建北村

时代 明代

类型 古建筑

2021年，被山西省人民政府公布为第六批省级文物保护单位。

建北文庙，明代称“宣圣庙”“圣人殿”，清代称“文庙”“先师庙”。

建北文庙创建于宋治平三年（1066），明正德十三年（1518）、隆庆二年（1568），清乾隆三十一年（1766）均有修建。文庙坐北朝南，一进院落布局，占地面积1334平方米。现存大成殿为明代建筑。

大成殿位于中轴线北端，面阔七间，进深三间，单檐悬山顶，筒板瓦屋面，琉璃剪边。五架梁前后双步梁用四柱，设叉手、托脚。梁、檩上有彩画。

文庙内现存清代石碑2通。

建北文庙全景

建北文庙大成殿正立面

米西显圣观

晋城市高平市米山镇米西村

明代至清代

古建筑

2021年，被山西省人民政府公布为第六批省级文物保护单位。

米西显圣观创建年代不详，据文昌阁脊枋题记“康熙壬子四月……创建文昌阁叁间首事……”，可知文昌阁创建于清代。结合高平地区元明木结构梁架中的用材、结构手法及结构关系分析，正殿木构架节点沿用元代做法，大木构件以明初修缮兼补配为主，正殿（三清殿）为明代建筑。

观坐北朝南，一进院落布局，占地面积850平方米。现仅存正殿（三清殿）和文昌阁，文昌阁位于正殿西侧。

正殿（三清殿）面阔五间，进深两间，单檐悬山顶，琉璃脊饰。梁架为四架梁前压双步梁用三柱。梁上设瓜柱、叉手，梁架间设襻间。前檐施五踩斗栱，角科斗栱为正身二跳、插昂造，次间柱头科外拽厢栱耍头为昂形。老角梁前下倾斜置式，尾部直承下金桁，不设抹角梁。文昌阁面阔三间，进深一间，单檐悬山顶，五架梁用二柱，二层前出廊。东侧设楼梯1间。

观内现存清代碑1通。

米西显圣观正殿（三清殿）正立面

米西显圣观正殿（三清殿）梁架

秦庄玉皇庙

位置 晋城市高平市东城街道秦庄村

时代 明代至清代

类型 古建筑

2021 年，被山西省人民政府公布为第六批省级文物保护单位。

秦庄玉皇庙创建年代不详，据庙内所存明代重修仙姑庙碣、清代补修碑、民国恢复义学碑可知，明、清、民国各代皆有修葺。正殿为明代建筑，其他为清代建筑。

庙坐北朝南，二进院落布局，占地面积 1495 平方米。中轴线上建有倒座戏台、过殿、正殿，两侧为东、西妆楼，东、西看楼，东、西夹房，过殿东、西耳殿，东配殿及东、西耳殿。

正殿面阔三间，进深两间，单檐悬山顶，灰布瓦顶，琉璃脊饰，梁架为四架梁前压双步梁用三柱。

庙内现存碑刻 4 通。

秦庄玉皇庙正殿梁架

秦庄王皇庙鸟瞰

秦庄玉皇庙正殿正立面

焦河东华观

位置 晋城市高平市河西镇焦河村

时代 明代至清代

类型 古建筑

2021年，被山西省人民政府公布为第六批省级文物保护单位。

据山门门额及东、西配楼门额“大明隆庆壬申（1572）三月吉日创建”题记可知，焦河东华观创建于明隆庆六年（1572）。1926年《重修东华观碑记》记载“前院正殿塑东华帝君神像，故称为东华观”。明、清、民国时期屡有修缮。中华人民共和国成立后，焦河东华观曾长期作为学校使用。东厢房为清代建筑，其余为明代建筑。

观坐北朝南，三进院落布局，占地面积1076平方米。中轴线上建有山门（戏台）、前殿，两侧有东、西妆楼，钟、鼓楼，东厢房。前殿面阔三间，进深两间，单檐悬山顶，梁架为四架梁前压双步梁用三柱。

焦河东华观鸟瞰

焦河东华观前殿正立面

王降洞真观

位置 晋城市高平市北城街道王降村

时代 明代至清代

类型 古建筑

2021年，被山西省人民政府公布为第六批省级文物保护单位。

王降洞真观始建年代不详，正殿为明代建筑，其他为清代建筑。

洞真观坐北朝南，占地面积1372平方米，由主院、东偏院组成。主院中轴线上建有山门（倒座戏台及妆楼）、正殿，两侧为东、西厢房，东、西配殿，东、西耳殿。东偏院有正房，东、西耳房及南房。

正殿面阔五间，进深一间，单檐悬山顶，筒板瓦屋面，琉璃脊饰。梁架为五架梁通檐用二柱，五架梁为自然弯材，梁架间设隔架，前檐斗栱为五踩双下昂，五架梁以上为明清遗构。

王降洞真观正殿正立面

千佛造像碑

位置：晋城市高平市建宁乡建南村

时代：北魏

类型：石窟寺及石刻

1986年，被山西省人民政府公布为第二批省级文物保护单位。

千佛造像碑砂石质，四面造像，通高2.52米。碑正面下部雕一大龛，高0.51米，宽0.49米，内雕一佛、二弟子；上部四面雕高0.06米、宽0.04米的千佛龛，每龛内雕坐佛1尊，共1000余尊。

碑两侧中部各雕佛龛上、下两铺，上龛高0.3米，宽0.29米，内雕坐佛1尊；下龛高0.45米，宽0.43米，内雕一佛、二弟子。碑侧下部雕发愿文，有北魏太和二十年（496）题记。1998年新修碑亭。

此碑造型别致，雕刻工艺精湛，是中国古代石刻艺术宝库中的珍品。

千佛造像碑远景

高庙山石窟

晋城市高平市西南高庙山北麓山腰间

北齐至隋代

石窟寺及石刻

2021 年，被山西省人民政府公布为第六批省级文物保护单位。

高庙山石窟创建年代不详，石窟平面为方形，穹隆顶，左、右、后三壁前设低坛，占地面积 23 平方米，包括 1 窟 6 龛。石窟利用山腰间暴露出的垂直崖面进行开凿，先凿出较浅的长方形框，框内正中开窟门，窟门向东，呈圆拱龛形。石窟内三面雕刻佛像，窟门两侧各雕 1 身力士像及 3 个摩崖小龛，窟内壁面刻众多僧人、供养人题名，涉及许多地名、职官等。

高庙山石窟外景

高庙山石窟内景

临汾市

山西

文物

要览

❶ 尧都区

❷ 曲沃县

❸ 翼城县

❹ 襄汾县

❺ 洪洞县

❻ 吉　县

❼ 安泽县

❽ 浮山县

❾ 古　县

❿ 大宁县

⓫ 乡宁县

⓬ 隰　县

⓭ 永和县

⓮ 蒲　县

⓯ 汾西县

⓰ 侯马市

⓱ 霍州市

牛王庙戏台

位置 临汾市尧都区魏村镇魏村

时代 元代

类型 古建筑

1996年，被国务院公布为第四批全国重点文物保护单位。

牛王庙戏台建于元至元二十年（1283），大德七年（1303）平阳大地震损坏，至治元年（1321）重修，明、清两代屡有修葺。现存戏台建筑为元代原构，余皆为明清所建。牛王庙坐北朝南，一进院落布局，中轴线上现存戏台、正殿，两侧仅存东配殿。

戏台建在高1米余的砖砌台基上，面宽7.45米，进深7.55米，平面近方形，单檐歇山顶。梁架结构独具特色，既有荷载能力，又具装饰效果。大斗分置于四角柱上，斗口设十字雀替承大额枋，额枋上四周施斗12攒，分补间和转角两种，五铺作，重昂重计心造，承托檐出与上部梁架，斗里转角处设抹角枋、抹角梁。井口枋之上施梁架斗，上承抹角枋组成斜方框形，抹角枋中心处设一垂柱，架起小型阑额，形成平面八角形屋架，中心悬雷公柱1根，别藻井之趣。正面方形石柱上为“莲生贵子”雕刻图案，石柱抹角处刻有“蒙大元国至元二十年岁次癸未季春竖石”题记，戏台周身三面敞廊，仅后檐与两山后部砌墙，山墙约为山面总长的三分之一。前檐和两山前部均露明，为早期戏台的固有形式。

牛王庙广禅侯殿

牛王庙戏台

牛王庙戏台藻井

正殿又称“三王殿”“广禅侯殿”，面阔三间，进深五椽，单檐灰筒板瓦悬山顶。廊下悬清康熙五十九年（1720）“广禅侯殿”木匾1块。庙内存清代重修牛王庙碑1通，重修碣1方，记事碑1通，清康熙十七年（1678）铁钟1口。

牛王庙戏台是国内现存7座元代戏台中最早的一座木结构戏剧舞台，也是研究元代戏曲历史的重要实物见证。

东羊后土庙

位置 临汾市尧都区土门镇东羊村

时代 元代至清代

类型 古建筑

2006年，被国务院公布为第六批全国重点文物保护单位。

东羊后土庙始建于元至元二十年（1283），大德七年（1303）地震毁，至正五年（1345）重修。庙坐北朝南，中轴线上建有戏台、山门、圣母殿，山门两侧为钟、鼓楼，现存建筑中戏台为元代遗构，其余均为明清建筑。

戏台坐南朝北，平面正方形，面宽7.47米，进深7.55米。正面敞廊，三面封闭，十字歇山顶。台阶高1.75米，台宽7.75米、深3.5米，台前竖有两根圆形抹角石柱，下有覆莲柱础，柱上浮雕莲花和牡丹化生童子的图案，内檐梁架斗三层，叠成八卦形藻井，结构别致精巧，故戏台又称“八卦亭”。戏台后墙壁画栩栩如生。

圣母殿面阔三间，进深四椽，单檐灰筒板瓦悬山顶。柱头斗栱三踩单昂，平身科一攒。前檐明间施六抹隔扇门，次间槛墙上设隔扇窗。殿内中设神坛，上设木质神椟，内存明代彩塑20余尊。檐下悬明天启二年（1622）立，清光绪二年（1876）重修“后土圣母”木匾1方。戏台后壁绘有人物画约10平方米。

东羊后土庙元代戏台是全国仅存的7座早期戏台中最为精巧的一座，工艺精湛，是研究元杂剧在平阳一带发展历史和金元时期戏台建造规制的重要实物资料。

东羊后土庙戏台正立面

东羊后土庙戏台藻井

东羊后土庙圣母殿彩塑

王曲东岳庙

位置 临汾市尧都区吴村镇王曲村

时代 元代至民国

类型 古建筑

2006年，被国务院公布为第六批全国重点文物保护单位。

王曲东岳庙创建年代不详，现存建筑中的戏台为元代所建，余皆为清代建筑。庙坐北朝南，中轴线上现存建筑有山门、戏台、正殿。

戏台坐南朝北，分前、后两部分，前檐为民国年间重修时增建，后部建筑为元代遗构，平面略呈方形，台宽7.25米，面宽7.25米。屋顶为单檐歇山顶。台前及两侧前部敞廊，为台口。背面及两侧后部筑以墙壁，无前、后场之分。前檐两根粗大的木柱支撑大额，后墙及两山为土坯砌筑，形成了三面砌墙正面敞口的形式，斗为重双下昂计心造作法，内檐梁架结构尤为别致。台前有清代增建硬山卷棚顶抱厦。

正殿面阔三间，进深四椽，五檩前廊式结构，单檐灰筒板瓦悬山顶。庙内现存有明代、清代重修碑各1通。

王曲东岳庙戏台梁架

王曲东岳庙正殿

王曲东岳庙戏台

王曲东岳庙戏台建筑风格独特，有较高的历史价值及文物价值。从金代中叶至元代初期，舞台由四面观或三面观向三面筑壁一面观的乐楼进化，王曲东岳庙戏台等几座元初所建的（或重修的）舞台实物，是这个进化过程的实物例证。

尧 陵

位置 临汾市尧都区大阳镇北郊村西

时代 明代至清代

类型 古建筑

2006年，被国务院公布为第六批全国重点文物保护单位。

尧陵相传为唐初改建，据金代泰和二年（1202）碑（佚碑）载，唐太宗李世民破刘武周屯军于此，曾晋谒尧陵并祀之；唐显庆三年（658）重修；元中统年间真人姜善信奉元世祖之命，再次重修尧陵；此后明成化十年（1474）、嘉靖十八年（1539）、弘治四年（1491）、万历十二年（1584）、万历十八年（1590）及清雍正、乾隆年间都对尧陵进行过修葺补建。明清时期尧陵春、秋二祭，绵延不废。

尧陵坐北朝南，背依古崖，面临涝水。墓冢圆形，为黄土堆积，高50米，周长300米，四周古柏葱茂，俗称“神林”。中轴线上由南向北依次为牌楼、献殿、碑亭（新）、陵丘、陵区（新）。

尧陵献殿位于仪门中院正中，献殿砖石台基，面阔三间，进深四椽，硬山顶，四檩卷棚式结构。献殿后有石阶13级。现存搭建的碑廊，中竖“古帝尧陵”作为标志的石碑，与殿宇同为明代万历年间修造，两旁排列着明清碑碣16通，其中明嘉靖十八年（1539）尧陵碑上刻有《尧陵全图》，保存完好。

尧陵牌楼系木构牌坊，斗栱层层叠架，飞檐左右排出。牌楼楼顶为歇山式筒瓦顶，檐下斗栱五挑，出檐深远。

陵的周围土崖环抱，陵阜崇隆，涝水流经其南。陵前建筑依山布置，逐步上升，极具观赏性。

尧陵全景

尧陵献殿

尧陵牌楼

铁佛寺

位置　临汾市尧都区鼓楼南，与山西师范大学毗邻

时代　清代

类型　古建筑

2006年，被国务院公布为第六批全国重点文物保护单位。

铁佛寺，原名“大云禅寺”，据寺内碑文记载，创建于唐贞观六年（632），清康熙三十四年（1695）平阳地区大地震毁坏，康熙五十四年（1715）重修，清末民国初年曾修葺。寺坐东朝西，平面呈长方形。中轴线上存山门、天王殿、大雄宝殿、金顶宝塔、藏经楼。

金顶宝塔为方形六层楼阁式砖塔，通高约30米。塔下无台基，塔身底部每面长6米，一层内设塔室，内壁四周用青砖砌成平板枋和斗栱，塔室顶部砖券八角形藻井。室外下部辟有砖雕壶门，内雕祥龙、玉兔、花卉、仙果等；二层以上实心，每面砌出塔檐，六层为八角形，塔身四壁嵌有绿琉璃方心，内雕突起壁面的佛、菩萨、罗汉、天王及《佛传》故事图案。三、四、五层塔壁正中砌有砖券假门，门洞之上凸出垂花门，

铁佛寺金顶宝塔内铁佛头

铁佛寺金顶宝塔

六层壁面当心嵌有八卦图案。

宝塔一层塔室内存高 6 米，宽 5 米，厚 5.3 米的铁佛头 1 尊，佛像螺发左旋，面形丰满，造型风格属唐代作品。

铁佛头是我国现存年代最早、体量最大的铁佛头，其铸造工艺在我国古代科技史上享有极高的地位，为研究我国古代铸造史提供了珍贵史料。

下靳遗址

位置：临汾市尧都区尧庙镇下靳村

时代：新石器时代

类型：古文化遗址

2004年，被山西省人民政府公布为第四批省级文物保护单位。

下靳遗址位于尧都区尧庙镇下靳村西北约400米的汾河二级台地上，东南距陶寺遗址约25千米，西隔汾河与吕梁山相望，南北为平坦开阔的临汾盆地。

该遗址主体年代为龙山时期，属于陶寺文化一处中小型聚落，20世纪90年代前后曾对其墓地进行了两次发掘，清理墓葬533座。

下靳遗址墓地面积8000平方米，已发掘的500余座墓葬，按照头朝向不同主要可分为A、B两类。A类头朝向东南，约占墓葬总数的78.2%，B类头朝向东北，约占21.7%。总体来看，A、B两类墓在墓朝向、葬制、随葬品等方面有较为明显区别。两类墓中有打破关系者均为A类打破B类，可以肯定B类早于A类，它们当是不同阶段的墓葬。

A类墓的整体特征与陶寺遗址中小型墓基本相同。不见陶寺遗址早期一类大墓所出的鼍鼓、特磬、蟠龙纹陶盘等王室重器，较少使用陶器随葬，墓葬形制、头向、葬式、葬俗及随葬的玉石器、骨蚌牙器种类和式样与陶寺文化中小型墓葬均表现出较强的一致性。墓中出土的玉钺，长方形双孔石刀及玉、骨装饰品和三角形薄片石簇与陶寺遗址早期中小型墓中出土的同类器物也十分接近。尤其是彩绘陶瓶也如出一辙，而陶寺墓地

下靳遗址墓葬区局部

下靳遗址出土玉璜

已属于晚期的墓中却不随葬这些器物。因此 A 类墓的时代当属陶寺遗址早期，绝对年代在公元前 2300 年—公元前 2150 年，B 类墓葬的年代则相当于庙底沟二期文化时期，绝对年代在公元前 2500 年—公元前 2300 年。

下靳墓地和陶寺墓地均分布在古文献记载的唐尧部族活动区域。下靳墓地涉及墓葬 500 余座、玉（石）器 200 余件，丰富了陶寺文化研究的内容，有助于唐尧文化学术课题的深入研究，为建立陶寺时期社会网络体系及阶层等级补充了关键材料。

高堆遗址

尧都区

位置 临汾市尧都区刘村镇高堆村西北约150米处

时代 新石器时代

类型 古文化遗址

1965年，被山西省人民委员会公布为第一批省级文物保护单位。

高堆遗址东临汾河，西靠吕梁山，属于吕梁山东麓的山前坡地，地势西高东低，东北距临汾市区10千米。

该遗址于20世纪50年代文物调查时被发现，面积10万平方米，包括仰韶文化中期、庙底沟文化二期、龙山及夏时期等阶段遗存。

高堆遗址仰韶中期遗存属于典型庙底沟文化，以敛口彩陶盆、尖底瓶为代表，可见弧线三角彩陶。庙底沟二期文化时期遗存有釜灶和釜形斝，具有陶寺早期特征。龙山时期遗存可见单把鬲和鋬手鬲等。夏时期遗存是该遗址一个重要发现，其年代相当于二里头文化早期，以高领鬲为代表，展现了该区域龙山晚期陶寺文化结束后的文化面貌，其发现为完善区域文化谱系补充了重要材料，也为解决临汾盆地陶寺文化的源流提供了重要的线索。

高堆遗址出土双鋬鬲

高堆遗址出土彩陶钵

金城堡遗址

位置　临汾市尧都区刘村镇金城堡村西

时代　新石器时代

类型　古文化遗址

1965年，被山西省人民委员会公布为第一批省级文物保护单位。

金城堡遗址位于临汾盆地西部的吕梁山东麓，汾河西岸台地上。遗址面积15万平方米，主体年代为龙山晚期，属于陶寺文化一处典型中小型聚落。

在金城堡遗址范围内的断崖上，观察到的遗迹主要有灰坑及白灰面房址。采集的陶器以夹砂陶为主，纹饰多饰绳纹，器形主要有釜灶、盆、罐、豆、杯、鬲等，其文化面貌和特点与陶寺遗址同类器物基本一致。

金城堡遗址保护标志碑

金城堡遗址文化层

仙洞沟碧岩寺

位置 临汾市尧都区金殿镇峪口村西北姑射山中

时代 明代至清代

类型 古建筑

2004年，被山西省人民政府公布为第四批省级文物保护单位。

仙洞沟碧岩寺，俗称“南仙洞”，据现存碑文记载，创建于唐武德元年（618），宋政和八年（1118）、明万历二十五年（1597）、清嘉庆八年（1803）屡有重修，现存多为明清建筑。碧岩寺依山而建，主体建筑由北向南依次为山门、戏台、观音阁、大雄宝殿、神居洞（献殿）、三教庙等。

神居洞（献殿）面阔五间，进深四椽，五檩前廊式结构，四周围廊，灰筒板瓦重檐歇山顶。殿内山墙存设色人物壁画约30平方米，内容为二十八星宿图像。洞内地面呈斜坡，沿坡存有儒、释、道三教神祇及尧帝等彩塑近百尊。

观音阁，坐西向东，二层楼阁式，一层建于砖砌台基之上，面阔三间，进深六椽，灰筒板瓦歇山顶。前檐设廊，鼓镜式柱础。殿内正中彩塑观音、文殊、普贤三菩萨像，两山墙排列四大天王、罗汉等悬塑百余尊。二层为圆形亭阁式建筑，攒尖顶。

寺内现存历代碑碣22通，彩塑300余尊，明清铁钟各1口。

仙洞沟碧岩寺蜿蜒盘旋于山崖之上，前后长约1千米。景观绮丽，更有各类彩塑、悬塑不计其数，是不可多得的古代艺术瑰宝。

仙洞沟碧岩寺全景

仙洞沟碧岩寺观音阁内悬塑

尧　庙

临汾市尧都区尧庙镇尧庙村北

清代

古建筑

1965年，被山西省人民委员会公布为第一批省级文物保护单位。

据史籍记载，相传唐尧建都平阳，有功德于民，后人遂建庙祭祀。尧庙始建于西晋，唐显庆三年（658）重建，宋及元泰定、明正德和万历年间屡有修建，规模渐增，分别建成尧、舜、禹庙，明末清初称“三圣庙”。清康熙三十四年（1695）平阳一带大地震，庙宇坍毁，康熙四十二年（1703）敕令重修并御书匾额，咸丰年间遭兵焚，光绪十七年（1891）修复。抗日战争中尧庙再次遭劫，1985年落架重修广运殿，恢复明代规制。1998年广运殿再遭火焚，近年重新恢复。庙坐北向南，中轴线上现存山门（新建）、五凤楼、广运殿（复建）、寝宫。

五凤楼又称“光天阁”，始建于唐乾封年间，明万历三十七年（1609）重修。五凤楼平面呈方形，下层用通长角柱13根，其间以直撑、斜撑构成不同方向的框架，将楼身连为一体。上层四周设围廊，重檐歇山顶。庙内存清代彩塑2尊，历代重修碑12通，其中元碑1通，明碑5通，清碑6通。

尧庙是一座集纳丰富历史文化的国祖庙，俗称“三圣庙”，是中国专门纪念尧、舜、禹三位古圣先王的庙宇。尧在4000多年前就定都平阳，划定九州，形成中国最早的格局，平阳成为华夏文明的发祥地之一，素有“华夏第一都”之称。

尧庙五凤楼正立面

尧庙寝宫正立面

曲村—天马遗址

位置 临汾市曲沃县城北15千米曲村镇

时代 周代

类型 古文化遗址

1996年，被国务院公布为第四批全国重点文物保护单位。

曲村—天马遗址位于曲沃县和翼城县交界处，主要在曲沃县北赵、三张、曲村和翼城县天马等自然村之间，遗址区东距翼城县城约12千米，西距侯马市区约25千米。

遗址包括仰韶、龙山、二里头、西周、东周、秦汉等时期的遗存，尤以西周时期晋国遗存最丰富。遗址范围东西约3.8千米，南北约2.8千米，面积约11平方千米。

该遗址是周代的晋文化遗存最为普遍、延续时间较长的一处地点，遗址内有居住址、各个级别的墓葬、夯土基址及一些其他的重要遗迹诸如高等级建筑使用的瓦当、铸造青铜器的陶范等。出土铸有“晋侯”铭文的铜器和玉器，及各类陶、石、骨器万余件。

晋侯墓地位于遗址中心略偏北，共发现晋侯及夫人墓9组19座，墓葬可分3排，大多有墓道和附属车马坑。出土大量

曲村—天马遗址邦墓出土涡纹双耳簋

曲村—天马遗址邦墓出土“南宫姬”鼎

曲村—天马遗址鸟瞰

珍贵的青铜器、玉器、原始瓷器，有的青铜器上刻铸有铭文。另还有邦墓区、居住址、祭祀遗址。

该遗址除大量两周晋文化遗存外，仰韶、龙山、东下冯、秦汉、金元等阶段也有部分人群活动遗迹。

曲村—天马遗址规模大、时代长、堆积厚、文化内涵丰富，是两周时期临汾盆地内一处重要的都邑聚落遗址，是晋文化研究的核心遗址。该遗址的丰富发现推动了西周与晋国的年代学讨论，建立了西周、春秋时期晋文化的年代序列，使我们对早期晋文化的面貌有了直观的认识，为进一步探索晋文化的来源与发展、晋国与宗周及其他封国的关系等问题提供了重要线索。晋侯墓地的发现确立了曲村—天马遗址作为早期晋都的地位，为我们了解西周时期的丧葬制度和当时的社会发展状况提供了极佳的材料，推动了西周年代学的深入研究，出土的大量青铜器、玉器等珍贵文物对研究两周时期考古、历史、艺术等具有重要价值。

羊舌墓地

位置：临汾市曲沃县城东北方向约15千米羊舌村南岭上

时代：西周至春秋

类型：古墓葬

2013年，被国务院公布为第七批全国重点文物保护单位。

著名的曲村—天马遗址在羊舌墓地西北，二者隔滏河河谷相望，直线距离4.5千米。

羊舌墓地大体范围东西300米，南北400米，总面积约12万平方米，年代为西周至春秋时期。

北部墓葬分布较为密集，由大型墓葬和中小型墓葬组成。大型墓在北部沿岭线边缘东西分布，已勘探出5座“中”字形大墓和1座车马坑，东部2座为一组，西部3座情况尚不清楚，两者相距60多米。中小型墓区在大型墓南面并向南延伸，中型墓葬多有车马坑。

该墓地是一处两周时期的晋国国君墓地，M1和M2是一代晋侯和夫人的异穴并列合葬墓，时代约在两周之际或稍晚，墓主人可能是晋国历史上著名的晋文侯或其子晋昭侯，墓葬被毁也许与春秋早期晋国“庶系代嫡”的一段历史有关。

羊舌墓地对研究两周时期的墓葬制度具有重要历史价值。墓地中的大型墓葬为带南北墓道的“中”字形土坑竖穴墓，并有陪葬车马坑和大规模祭祀遗迹，其中M1和M2是目前山西境内发现的两周时期最大的墓葬之一。墓地出土的玉器和金器体现了墓主人生前生活的奢华，如结构组合复杂且精美的玉璜组佩、玉神面像、金带饰等，展示了古人独特的审美和高超的工艺水平。

羊舌墓地出土玉佩饰

羊舌墓地 M1 和 M2 全景俯瞰

大悲院

位置 临汾市曲沃县曲村镇曲村

时代 宋代、金代

类型 古建筑

2001年，被国务院公布为第五批全国重点文物保护单位。

大悲院据现存碑刻记载，始建于唐代，宋治平四年（1067）、金大定二十年（1180）重修。大悲院坐北朝南，院内现存建筑有献殿、天王殿、过殿、东西厢房。献殿为宋金时期建筑，其西侧的天王殿、过殿及东西厢房为清代乾隆二十三年（1758）续建。

献殿建于高3米的砖砌台基上，面阔三间，进深六椽，单檐歇山顶，筒板瓦屋面，琉璃脊饰、吻兽。梁架为三椽栿对三椽栿用中柱，叉手、托脚、驼峰等构件完好规整，柱头与补间斗栱用五铺作计心造，表现出宋金时期的建筑风格。东侧墙镶嵌碑刻4通，其中金代碑刻《大悲院卢舍那佛记》具有较高的学术研究价值。

天王殿面阔五间，进深四椽，单檐硬山顶，五檩前后廊式构架，檐下柱头斗栱及平身科大斗均雕刻有牡丹花草图案，明间额枋上雕有天王神像，次间、梢间额枋上雕有缠枝花草，平板枋上绘有旋子彩绘。

献殿是元大德七年（1303）平阳大地震后该地区唯一保存下来的宋金建筑，整体设计科学，结构严谨，对于研究我国宋金时期建筑结构具有较高的科学价值。

大悲院献殿

大悲院天王殿

东许三清庙献殿

位置　临汾市曲沃县高显镇东许村

时代　元代

类型　古建筑

2013年，被国务院公布为第七批全国重点文物保护单位。

东许三清庙献殿始建年代不详，据献殿脊槫下墨书题记记载，此庙为元元统元年（1333）重修，后代屡有修葺。庙坐北朝南，现仅存献殿。

献殿位于庙的北端，前檐面阔三间，后檐面阔五间，进深四椽，单檐悬山顶，筒板瓦屋面。前檐柱头施大额枋，并使用减柱做法，减去两根檐柱。檐下均施斗栱，为四铺作单下昂。梁架为殿内厅堂做法，四椽栿上施蜀柱承托平梁，平梁上施蜀柱、叉手，叉手与丁华抹颏栱相交直抵脊槫。献殿内梁架保留有彩画，山尖部分存有壁画。

东许三清庙献殿虽经历代多次维修，但主体仍为元代建筑遗构，为研究元代建筑提供了实物依据。

东许三清庙献殿梁架

东许三清庙献殿正立面

东许三清庙献殿后檐

南林交龙泉寺

位置：临汾市曲沃县北董乡南林交村

时代：元代至清代

类型：古建筑

2013年，被国务院公布为第七批全国重点文物保护单位。

南林交龙泉寺始建年代不详，据寺内大殿脊榑墨书题记记载，寺院始建年代为元延祐五年（1318），明、清两代屡次修葺。寺坐北朝南，中轴线上由南至北依次为影壁、大殿，两侧为东、西厢房，其中大殿为元代建筑，影壁为明代建筑，东、西厢房则为清代所建。

大殿面阔五间，进深六椽，单檐悬山顶，通檐用四柱，筒板瓦屋面，琉璃脊饰，前檐墙经后人改造，原状已不存。前檐柱头斗栱为五铺作出双下昂。补间铺作逐间施一朵，形制基本同柱头铺作，令栱抹斜。梁架结构为殿内厅堂做法，四椽栿对乳栿用三柱。四椽栿上置蜀柱承托平梁，平梁上施蜀柱、叉手，叉手与丁华抹颏栱相交承托脊榑。各榑下襻间均为捧节令栱。殿内金柱上部施卷杀，柱础石保留有线刻图案，外檐柱生起明显。

南林交龙泉寺大殿年代明确，元代建筑特征突出，具有较重要的研究价值。

南林交龙泉寺山门

南林交龙泉寺大殿梁架

南林交龙泉寺大殿

曲沃薛家大院

位置：临汾市曲沃县乐昌镇西南街村西城巷

时代：清代

类型：古建筑

2019年，被国务院公布为第八批全国重点文物保护单位。

曲沃薛家大院创建于清代，坐北朝南，三进四合院布局。建筑整体呈规整的长方形，中轴线上自南向北依次建有南房、过厅、过厅楼、北楼等建筑，两侧均有东、西厢房。前院均为平房，由门楼，东、西厢房，南房，过厅组成；中院经过厅楼与后院相连，由东、西楼，北楼组成。

一进院由大门、东西厢房、南房、过厅组成。大门开于院落东南角，面阔一间，进深两椽，单檐灰瓦硬山顶，檐部饰有木雕花卉斗栱并施以彩绘，中部置板门两扇，东、西两侧有1对青石质石狮子，两侧筑有八字护墙，门内东厢房南墙上有龟背纹影壁；南房，面阔三间，进深两椽，单檐灰瓦硬山顶；东西厢房形制相同，均为面阔三间，进深三椽，单檐灰瓦硬山顶，四檩前廊式构架；过厅面阔三间，进深三椽，四檩前廊式构架，单檐灰瓦硬山顶。北楼面阔三间，进深三椽，单檐灰瓦硬山顶，四檩前廊式构架；东西厢房均为二层前廊式建筑，二层有走廊并可环行。后院的西北角有一小门，北楼背后现存有1块影壁。

曲沃薛家大院门楼全景

曲沃薛家大院一进院过厅

曲沃薛家大院一进院南房

曲沃薛家大院错落有致，古朴典雅，石雕、木雕、彩绘精美，是清代晋南民居的代表性建筑。

里村西沟遗址

位置：临汾市曲沃县城西北约11千米的里村镇朝阳村

时代：旧石器时代

类型：古文化遗址

1986年，被山西省人民政府公布为第二批省级文物保护单位。

里村西沟遗址北距丁村遗址12千米。1956年7月，贾兰坡等对其进行调查发掘，获石制品172件，计有石核、石片、砍砸器、刮削器、尖状器和石球等。

根据石器的研究，里村西沟遗址应该属于旧石器时代初期的末期或中期的初期，不会晚到河套文化时期。这个遗址的石器和丁村遗址的石器相比，在性质上是十分一致的。也就是说，两个遗址在时代上应该是相同的。里村西沟遗址和丁村遗址所不同的是，丁村的石器是发现于砾石层中，和石器一起有大量的同样性质和同样大小的砾石存在，显然是利用砾石较多的地方作为制作石器的场所。里村西沟的石器是发现在细砂层中，可能那里是当时人们经常出没的地方，如饮水、狩猎和采集，因为湖泊的边缘最容易获得食物。

由于里村西沟旧石器时代遗址的发现，更进一步证明了丁村文化遗址分布面积的广泛。根据1954年调查所知，北由史村起，南到苍头村止，南北15千米，沿着汾河的两岸都在其范围之内；1956年发现的里村西沟遗址又在苍头村之东4.5千米，彼此的性质又类同，更扩大了这一文化的分布范围。

里村西沟遗址砂砾层化石

里村西沟遗址采集石器标本

里村西沟遗址采集骨化石标本

东许遗址

位置 临汾市曲沃县高显镇东许、靳庄、听城等3个村之间

时代 新石器时代

类型 古文化遗址

2004年，被山西省人民政府公布为第四批省级文物保护单位。

东许遗址涉及东许、靳庄、听城等3个村庄，由听城村西的高阜向西、向北各延伸约1500米，总面积超过200万平方米，时代为新石器时代的龙山晚期。

东许遗址于20世纪五六十年代文物部门进行的专题调查中被发现，山西省考古研究所会同曲沃县博物馆分别于1986年夏和1995年春先后两次发掘了东许遗址。东许遗址陶器以泥质灰陶和夹砂灰陶为主，泥质红褐陶和夹砂红褐陶较少，此外还有少数泥质黑陶。大部分陶器色泽纯正，仅少数器物胎表颜色不一或带有不同色的斑块。大部分陶器用手制，流行慢轮修整器物口沿部分的作风，少

数泥质陶器用快轮制成。夹砂陶中的鬲、斝等空三足器的袋足部分采用模制，但大部分器物仍用手制。器表装饰泥质陶器与夹砂陶器有区别，泥质陶器以素面与磨光为主，常见有带黑色陶衣、制作精细的小型器物，也有一定数量的绳纹和带有纤细横丝的竖篮纹；夹砂灰陶则以绳纹为主体纹饰，其他纹饰均作为上述装饰的辅助性附加纹样。这些特征在晋南地区龙山时期比较统一和流行，尤其与陶寺、南石、方城等地的陶寺文化晚期相似。

东许遗址灰坑

东许遗址的调查和发掘，除增加了一批陶寺文化的物质遗存外，还有两个重要的发现：第一，袋状窖穴 H6 底部发现的 6 个人头骨排列有序，并且还相伴出土有陶制贮藏容器，为我们研究晋南地区的陶寺文化乃至整个黄河中上游地区龙山时期的谷物神祭祀等重大课题提供了难得的第一手资料；第二，发掘区不同层位、单位及采集陶器质地、纹饰，尤其是形制方面的区别提供了陶寺文化再分期的可贵线索。

东许遗址全景

方城遗址

位置：临汾市曲沃县曲沃镇

时代：新石器时代

类型：古文化遗址

1986年，被山西省人民政府公布为第二批省级文物保护单位。

方城遗址西南距曲沃县城约17千米，北靠塔儿山，南临滏河，和著名的襄汾陶寺新石器时代遗址仅一山之隔，直线距离约20千米，两地至今尚有便道相通。

方城遗址区域实际上包括南石、古巨、方城和小巨4个自

然村，东西连成一片，总面积约 300 万平方米。文化遗存比较单一，遗址东区主要是陶寺类型和二里头文化东下冯类型的遗存，西区主要是陶寺类型晚期的遗存。

方城遗址墓葬

该遗址范围内发现的遗迹有房址、陶窑、灰坑和墓葬。方城遗址的陶器，以夹砂灰陶和泥质灰陶占绝对多数，还有为数不多的褐色陶和灰褐色陶，不见红陶。器物类型有鬲、斝、甑、簋、扁壶、圈足罐、折肩罐、单耳罐、双耳罐、鼓腹罐、折腹罐、浅腹盆、深腹盆、豆、杯等。总观方城遗址陶器的陶质、陶色、火候、纹饰和制法，以及陶器群的器类组合，都与陶寺遗址的晚期遗存基本一致。同时，一些主要器物的造型特征也基本相同或近似。遗迹方面都有圆角方形白灰面房屋和半地穴式房屋，灰坑流行圆形和椭圆形，也有口小底大的袋形坑和带坡道灰坑。

该遗址与陶寺毗邻，且规模大、时代关键，是探索这一时期陶寺周边社会关系的重要研究抓手。

方城遗址全景

曲沃古城遗址

临汾市曲沃县西北2千米与侯马市交界处的凤城村附近

战国至汉代

古文化遗址

1965 年，被山西省人民委员会公布为第一批省级文物保护单位。

曲沃古城遗址东起下西关、大南关，西至林城，南靠浍河岸，北到曲沃机电厂。遗址总面积约 10 平方千米，是一处包

含战国至汉代文化遗存的古遗址。

遗址范围内的西韩村至东韩村之间，发现有古城墙遗迹，城墙厚 4 米。1960 年 4 月至 6 月间山西省文物管理委员会侯马工作站对古城遗址进行了钻探发掘。1975 年春，又对古城的城墙进行了钻探，发现古城遗址的下面是东周文化堆积层，出土物为东周时期的瓦及鬲、豆、盆等残片。古城遗址的上面是 2 米厚的汉代文化堆积层，出土物是汉代瓦的残片，完整器物有云纹圆瓦当、五铢钱和铁犁等。古城遗址内有内城，呈方形，长宽各 1500 米；有外城，城墙东西长约 2500 米，南北长约 2000 米，多为汉代文化堆积物。

该城址保存较好，形制明确，对于研究中国古代城市的规划、布局、发展演变以及不同历史时期的文化堆积等方面具有重要的学术参考价值。

曲沃古城遗址夯土

曲沃古城遗址全景

望绛墓地

位置 临汾市曲沃县史村镇望绛村

时代 东周

类型 古墓葬

2004年，被山西省人民政府公布为第四批省级文物保护单位。

望绛墓地位于曲沃县史村镇望绛村北200米的浍河北岸二级台地上。墓地东西长400米，南北长400米，分布面积16万平方米，是一处东周卿大夫一级的大型墓地。

经勘探调查，墓葬总数在1000座以上。1998年—1999

年，山西省考古研究所曾在墓地西部发掘，共发掘东周竖穴土坑墓葬38座，马坑1座，东汉砖室墓1座，出土大量青铜器、陶器、玉器、车马器等珍贵遗物。墓葬分大、中、小三种类型。大、小墓多东西向，分布于墓地西部；大型墓多两两成对，大部分有附属车马坑或将车直接放在墓坑中；中型墓数量居多，南北向，多是两两成对。

望绛墓地的布局富于特色，大型墓仍占主尊地位，有明显的排列主线。中型墓所占比例较春秋时期墓地（如上马墓地）明显上升，并且在墓地有突出的布局，可视为墓地另一主线。小型墓比例下降，其布局以大、中型墓为主导，但自身也有一定规律可循。战国早、中期，社会在变革中动荡，以血缘关系为纽带的社会关系、墓地布局逐渐走向衰落，这在望绛墓地埋葬布局中也可略见一斑。

侯马地区乃至晋西南，“三家分晋”前后的战国早期墓葬，除春秋上马墓地和战国中晚期至汉初的乔村墓地外，其余均属零星发掘，所获材料至今仍是研究的薄弱环节。望绛墓地年代恰属春秋晚期至战国中期这一过渡时期，其发掘将对建立这一地区东周墓葬年代序列，具有重要的标尺意义，对墓地内涵的深入研究亦有助于从考古学角度更深入地考察西周以来宗法制在墓地衰落的历史过程。

望绛墓地全景

感应寺塔

位置 临汾市曲沃县乐昌镇西南街村

时代 金代

类型 古建筑

2016年，被山西省人民政府公布为第五批省级文物保护单位。

感应寺塔俗称“西寺塔”，为八角十二层楼阁式砖塔。据清乾隆《曲沃县志》记载：创建于金大定五年至十三年（1165—1173），元大德七年（1303）地震，塔身一劈为二，塔顶塌毁，坠其五层，现残存七层。

感应寺塔坐北朝南，塔基深埋于地下，平面布局呈八边形，塔身砌砖素面，塔座为标准阁楼层，檐部施砖雕斗栱；塔心一至七层空心，底层边长4.2米，内边长1.5米，塔身一层与七层四正面各辟砖券门。二层至七层为叠涩短檐，逐层收合。一层较高，塔檐部为砖雕仿木结构造型，斗栱硕大。塔内空间较大，内壁八角形，南面设砖券门道，北面砖砌小佛龛。

感应寺塔自创建至今历经数次地震而不倒，为我国地震史的研究以及砖塔抗震结构的研究提供了实物例证。

感应寺塔全景

四牌楼

位置　临汾市曲沃县城内贡院街孝母巷南口

时代　明代

类型　古建筑

2004年，被山西省人民政府公布为第四批省级文物保护单位。

四牌楼又名“望母楼”，八柱九楼式木牌坊。据清乾隆二十三年（1758）《曲沃县志》记载，明万历四十三年（1615），邑人李济沆思母而建，清道光年间曾部分维修。

建筑平面呈方形，二层十字歇山顶，高约18米。一层檐前后各出抱厦一间，山花向前，主楼四角各出戗柱1根，上建角楼，琉璃脊饰。每角栏板上雕有狮子、麒麟等图案。底座卧石3层、竖石8块，每块竖石雕鼓狮绣球撑角柱。

整个牌楼为阁楼式与牌楼式相结合结构，造型奇特，牌楼上下坊、雀替、板件上均雕有精美的浅浮雕图案，有较高的艺术价值。

四牌楼全景

方城黄帝庙

位置 临汾市曲沃县曲村镇方城村东部

时代 元代、清代

类型 古建筑

2021年，被山西省人民政府公布为第六批省级文物保护单位。

方城黄帝庙创建年代不详。在元、明、清、民国各代屡经兴废，多次毁坏后又修建。据正殿脊板题记记载，庙于明弘治十四年（1501）大修。庙坐北朝南，一进院落布局，中轴线上依次建有戏台、正殿，两侧为关公殿（东厢房）、财神殿（西厢房），关公殿的北耳房为土地殿，财神殿的北耳房为灶王殿；二进院分别为华佗殿（东厢房）、娘娘殿（西厢房），大殿西耳房为阎王殿，大殿东耳房为龙王殿。现存正殿、龙王殿（东耳殿）、阎王殿（西耳殿）为元代遗构，其余皆为清代建筑。

一进院正殿面阔三间，进深八椽，柱头斗栱四铺作单下昂，单檐灰瓦悬山顶，琉璃脊饰。

戏台位于庙内南端，面阔三间，进深五椽，单檐硬山顶，梁架结构为通五架梁用两柱构造，前插廊，檐下柱头斗栱四铺作。

方城黄帝庙戏台

方城黄帝庙全景

方城黄帝庙正殿

财神殿面阔三间，进深二椽，单檐悬山顶，梁架结构为三架梁，三架梁头承上檐檩，中立脊瓜柱顶撑襻间枋，上座脊檩，并施叉手撑戗，前步架中增前檐金柱。财神殿脊檩题记为“大清道光拾一年七月初二日卯时”。财神殿现存壁画 12 平方米。

方城黄帝庙内现存正殿，为明代重修，但仍然保留了许多元代的建筑特点和构件，是研究方城黄帝信仰的重要史料，庙内壁画是晋南地区保存较为完整的清代壁画珍品。

南梁古城遗址

位置：临汾市翼城县南梁镇故城村

时代：周代

类型：古文化遗址

2019年，被国务院公布为第八批全国重点文物保护单位。

南梁古城遗址南跨故城水库至水库南岸，北抵南庙村南沟壑，向东伸入上、下二涧峡，西与北常村接壤。

该遗址包含仰韶中期、龙山和周代等多个时期的遗存，尤以龙山文化晚期遗存最为丰富。仰韶中期遗存以夹砂陶罐为主。龙山晚期遗存常见器类为鬲、甗、盆、折肩罐和豆。周代遗存分布广泛，遗迹、遗物丰富，延续时间从西周早期至春秋战国。20世纪80年代中期，在该遗址调查时，采集到1件残戈范，残戈范长14厘米、宽11.5厘米。残戈范内部顶端是斜坡形浇铸口，内尾端镶嵌一块长4厘米、宽1.5厘米的字范板，字为凸起的阳文，反书，可辨识文字有“三十年……啬夫……”

南梁古城遗址时间跨度大，具有丰富的历史文化内涵。尤其是采集的反书凸起的阳文字范，结合侯马铸铜遗址等地出土陶范，更增强了对制作小型带铭铜器铸字工艺的了解。

南梁古城遗址局部

南梁古城遗址文化层

南梁古城遗址出土陶片

大河口遗址

 位置：临汾市翼城县隆化镇大河口村东北

 时代：西周至春秋

 类型：古文化遗址

2019年，被国务院公布为第八批全国重点文物保护单位。

大河口遗址北望二峰山，东南为太行山余脉翔山，西邻浍河干流，南邻浍河支流，两河交汇的三角洲正是遗址所在的高台地。遗址地势从北向南逐步降低，似后来修整的层层梯田。

大河口遗址南北长约300米，东西宽约150米，面积约45000平方米，年代自西周早期延续至春秋初年。

遗址包括大量不同等级的西周墓葬和从属车马坑，以及晚于墓葬的灰坑。共发现和清理西周墓葬2200余座，灰坑100多个。

出土铜器铭文显示大河口遗址应属于西周时期的霸国，“霸”是遗址墓地墓主的国族名，“霸伯”是这里的最高权力拥有者。“霸”器曾见于以往的青铜器著录，但霸国不见于传世文献记载。霸国与燕、晋、芮、倗等国和周王朝曾有往来关系。埋葬习俗方面，大河口墓地的墓向、腰坑、殉狗、斜洞、使用日名等习俗与绛县横水墓地相似，车马坑位于墓葬东侧、无殉人等现象又与曲村—天马遗址有共同之处。陶器组合和青铜器风格具有周文化的特征，商、周文化因素都比较明显，独具自身文化特色。其人群应为被中原商周文化同化的一支狄人。

大河口遗址的发掘是继山西绛县横水倗国西周墓地之后，又一次将西周时期一处封国墓地全部揭露发掘，所获得的资料

大河口遗址鸟瞰

对于推动西周考古研究和晋南地区封国研究具有重要意义。数次考古发掘共计出土陶器、青铜器、蚌贝器、玉石器、骨器、漆木器、锡器等各类器物25000余件组，为研究西周时期的器用制度和墓葬制度提供了宝贵资料。发现了不见于传世文献记载的西周封国——霸国，对于研究西周时期晋南地区的封国及其与晋国间的关系具有重要价值。

大河口遗址出土鸟形盉（带铭文）

大河口遗址出土鸟形盉线图

大河口遗址 M1 墓口平面（上为北）

苇沟—北寿城遗址

位置：临汾市翼城县

时代：周代

类型：古文化遗址

2019年，被国务院公布为第八批全国重点文物保护单位。

苇沟—北寿城遗址，是指翼城县西北附近的东寿城、后苇沟、老君沟、营里4个村之间的一大片古代遗址而言。

遗址范围南北约2000米，东西约1000米，面积200万平方米。经过调查勘探，确认其包括龙山、东下冯、东周及西汉等阶段的文化遗存，其中东周晋国遗存尤为丰富。

晋国时期城垣在苇沟村东南大约1000米处，发现北城墙一段墙基断面，残存高1.5米，上部宽8.8米，下部宽8.3米，墙基内夯土坚硬，夯层清楚。城内遗迹和遗物极为丰富，战国至汉代的遗存集中在东半部，未见其他更晚的遗迹，研究表明城址的年代上限应为春秋晚期，其下限也不会晚于西汉。

苇沟—北寿城遗址面积较大，内涵丰富，与曲村—天马遗址在文化内涵及年代上有很多共同点，但曲村—天马遗址中缺乏第1、2段的遗址，现在由于苇沟—北寿城第一期遗址的发现，恰好填补了这个缺环，从规模上和内涵上看，苇沟—北寿城遗址应该是春秋时期晋国的一个县邑或畿外卿大夫采邑。

此外，该遗址龙山时期遗存与曲村—天马遗址大体是相同的，采集到的龙山时期瓦足鼎、釜灶、敛口瓮，属于陶寺文化范畴；夏时期遗存主要属于东下冯类型，除陶器外，还可见铜刀和卜骨。

苇沟—北寿城遗址航拍图

苇沟—北寿城遗址城墙

苇沟—北寿城遗址夯土城墙

乔泽庙戏台

位置 临汾市翼城县南梁镇武池村西

时代 元代

类型 古建筑

2006年，被国务院公布为第六批全国重点文物保护单位。

乔泽庙今已毁，现仅存戏台为元代建筑，据戏台西角泥道栱上墨书题记和原有记事碑文记载，戏台创建于元泰定元年（1324），清康熙三十二年（1693）、乾隆十一年（1746）、道光三年（1823）都有修葺。乔泽庙原有南、北二进院落，整座庙宇坐北向南，自南向北依次为山门、戏台、献殿、大殿。山门两侧为东、西厦棚，献殿两侧为东、西配殿，大殿两侧为东、西耳殿和廊庑，现仅存戏台。

戏台，砖砌台基高1.6米。平面近方形，面宽、进深均为9.3米，单檐歇山顶，屋面布灰筒板瓦。台身四角立柱，后檐设平柱两根，柱径同于角柱。山墙内仅施辅柱1根，位于山墙后部，尚存宋金舞亭旧规，柱头卷杀和缓，柱身较矮，柱径、柱高之比为7 ：1。四角柱下端施素面覆盆式柱础，四撑柱下

乔泽庙戏台梁架

乔泽庙戏台全景

乔泽庙戏台正立面

端只用片石兼作柱础于台基表面之下。柱头上四面施大额枋结成“井”字形框架，其上施普拍枋、斗栱、梁架，以形成八角形藻井。后梁正中悬挂匾额。寺庙内现存金、元、明、清碑9通。

乔泽庙戏台作为有明确纪年的元代早期戏台建筑，是研究元代建筑发展，特别是元代戏台建筑发展的实例。戏台前及两侧前部敞露的建筑形式，反映了舞台形式由宋金乐亭四面观看向元代舞楼三面观看的演变。现存金元水利碑，为研究金元交替时期的山西社会状况和水利制度提供了重要佐证。

南撖东岳庙

位置：临汾市翼城县隆化镇南撖村

时代：元代至清代

类型：古建筑

2006年，被国务院公布为第六批全国重点文物保护单位。

南撖东岳庙创建年代不详，据大殿斗栱下题记“至元二十七年（1290）”及庙内现存碑文记载，东西耳殿、马王殿、娘娘殿、东西厢房及廊房等为清康熙二十二年（1683）的遗构，并屡有重修、修缮。整座寺庙坐北朝南，中轴对称式布局，现存献殿、大殿为元代建筑；东西耳殿、马王殿、娘娘殿、东西厢房、东西廊房、单间殿为清代建筑。

献殿面阔三间，进深四椽，单檐歇山顶，灰筒板瓦屋面，梁架结构为四椽栿通檐用二柱。前檐柱上施大额枋，斗栱为四铺作单下昂计心造，补间斗栱与柱头斗栱相同，但其二跳下昂为真昂。

大殿面阔三间，进深四椽，单檐歇山顶，灰筒板瓦屋面，梁架结构为三椽栿对劄牵通檐用三柱。前檐廊柱上斗栱为五铺作双下昂计心造，补间斗栱与柱头相同。

东、西耳殿均为面阔三间，进深四椽，悬山顶，六檩前廊式，前檐下斗栱七攒；马王殿、娘娘殿均为面阔三间，进深四椽，悬山顶，六檩前廊式，前檐下斗栱七攒；东、西廊房均为面阔三间，进深四椽，悬山顶，五檩无廊式；单间殿面阔一间，进深四椽，悬山顶，六檩前廊式，前檐下斗栱三攒。庙内现存碑刻5通，大殿前廊下有清代壁画4幅。

南撖东岳庙保存有元代建筑，并有明确纪年，建筑规模较大，布局规整，建筑皆有明确的功能，为研究元代的道教发展，特别是东岳庙建筑的发展提供了翔实的实物资料。

南撖东岳庙全景

南撖东岳庙正殿正立面

南撖东岳庙献殿梁架

四圣宫

位置 临汾市翼城县西闫镇曹公村北

时代 元代至清代

类型 古建筑

2006年，被国务院公布为第六批全国重点文物保护单位。

据庙内《重修尧舜禹汤之庙记碑》记载，四圣宫创建于元至正年间；据关帝庙碑记记载，关帝庙院创建于清嘉庆十五年（1810）。明嘉靖三十八年（1559）、清乾隆十七年（1752）及1918年曾多次维修。四圣宫坐北朝南，是一组布局完好的两院并排而建的宫殿。文物建筑共24座，依次为山门、长廊中段，中院（四圣宫）东西宫门、舞楼、东西看房、东西配殿、大殿、东西耳殿，东院（关帝庙）西山门、戏台、东西看房、东西配殿、大殿、东西耳殿。中院舞楼和大殿为元代建筑，其余建筑均为清代。

舞楼坐南向北，石砌台基高1.5米，平面近方形，面阔、进深各为一间，单檐歇山顶。檐下五铺作斗栱20朵，台基上后檐砌墙，两山墙壁仅后部一段，约为墙宽的三分之一，前面大部分和前檐一样对外敞露，可供观众三面看戏。

大殿面阔五间，进深四椽，单檐悬山顶，顶部灰筒板瓦覆盖，琉璃筒子脊兽。琉璃大吻尾部向外卷起，滴水为三角形，前檐补间不施斗栱，柱头铺作六朵，均系五铺作出双昂，斗栱形式粗犷，用材较大。前檐柱头上施通木圆形大阑额，且两端比中间略粗壮，梁架为四椽栿，梁架上用合踏蜀柱，整个梁架用材自然，加工粗糙，有明显早期建筑特点。

全院现存石刻7件，中院大殿有3处前檐栱眼壁壁画。

四圣宫大殿

四圣宫舞楼

四圣宫全景

四圣宫元代舞楼为小三面观形式，是宋金元时期祭祀献演场所变化的实例，反映出元代戏曲表演形式和内容的变化，为研究元代戏曲，特别是元杂剧的发展历史提供了翔实的实物资料。

樊店关帝庙

位置 临汾市翼城县南唐乡樊店村

时代 明代至清代

类型 古建筑

2013年，被国务院公布为第七批全国重点文物保护单位。

据戏台脊檩下重修题记记载，樊店关帝庙明弘治十八年（1505）创建，清道光十一年（1831）重修。庙内戏台和正殿为明代建筑，倒座房、山门为清代。寺庙坐北朝南，一进院落，中轴线上由南向北为戏台、正殿，戏台两侧有掖门和倒座房。

正殿用大额，面阔三间，进深五架，单檐悬山顶。大额下施绰幕枋，其上有斗栱七攒，均为三踩单昂，仅正中一攒出斜昂。殿内两品屋架，五架梁用弯材，上立瓜柱承托三架梁，三架梁上施脊柱、叉手承托脊檩。叉手与丁华抹颏緘相交抵檩。脊枋上有清道光十一年（1831）重修题记。

戏台面阔三间，进深两间，前台单檐卷棚歇山顶，脊枋上有明弘治十八年（1505）创建和清道光十一年（1831）重修题记。

戏台由前后两种不同的屋顶组合而成，用材讲究，木、砖构件雕刻内容丰富多彩，结构合理，整体造型非常美观。戏台内至今完整地保留着区分前后场的屏风及上下场“鬼门”，对研究晋南古建筑与戏剧史是提供了珍贵的实物资料。

樊店关帝庙正殿

樊店关帝庙戏台

樊店关帝庙全景

石四牌坊和木四牌坊

位置 临汾市翼城县唐兴镇城内村牌坊路与石坊街

时代 明代至清代

类型 古建筑

2013年，被国务院公布为第七批全国重点文物保护单位。

石四牌坊和木四牌坊两牌坊相距150余米。

石四牌坊，始建于明万历三十九年（1611），清乾隆三十六年（1771）重修，建筑面积36平方米。石四牌坊为八柱五楼式石牌楼，楼身用青石，楼顶为木构灰瓦十字歇山顶，通高11米。石砌台基高0.85米，每边长8.3米，楼身方形，四面皆可通行。主楼设4根方形抹棱石柱，四角各立一柱，上建次楼。主楼与次楼间用石质额枋相连接，其上浮雕众多人物、禽兽、花卉等。主楼单檐十字歇山顶，其下梁架、斗栱、椽子、垂莲柱等均为木构。次楼屋顶不存，各柱间自上而下为浮雕牡丹、菊花等花卉图案。8根石柱下用抱鼓石式夹杆石，每一抱鼓石，首雕坐狮，腰刻爬狮，共计33只，形态各异，气势威严。

木四牌坊，创建年代不详，重建于明万历四十年（1612），清代屡有修葺。木四牌坊为八柱五楼式木牌楼，楼身方形，宽、深各6米，两层滴水檐，十字歇山顶，总高约20米。8根立柱每两根为一组立于4个五边形柱基之上，4根金柱直通楼顶。4根金柱与4根角檐柱在一层檐位置向外45°斜搭起4个歇山式楼顶，山花向外，形成出挑的八角檐。上层金柱与四面挑挂的4根假檐柱，形成带周围廊的方形楼阁。二层楼顶用十字歇山顶，四角出飞檐。上、下层共出翼角檐12个，成为造型奇特的八柱五楼式牌楼。金柱与檐柱间用大、小额枋相连，额枋之间两层垫板上均有题字：北榜曰“龙章宠赫”，为封翁题名；南榜曰“宫墙脱颖”，为明经题名；东榜曰 “桂殿分香”，为乡科题名；西榜曰 “澹墨传芳”，为甲科题名。上、下两层檐下施密致排列的斗栱，与檐头12个翼角飞檐错落交织，使其更加蔚为壮观。

木四牌坊下立有明代碑2通。

两座牌坊保存较好，造型独特。

石四牌坊近景

木四牌坊近景

南石遗址

位置　临汾市翼城县里砦镇南石村四周

时代　新石器时代、西周、东周、汉代

类型　古文化遗址

1986年，被山西省人民政府公布为第二批省级文物保护单位。

南石遗址东临季节河，西南距曲村—天马遗址仅5千米。遗址面积约70万平方米，文化遗存以龙山时期的陶寺文化为主，东部还有属于东下冯类型文化的部分遗存。

南石遗址最早发现于20世纪50年代末期，1985年4月，进行了小面积试掘，发现遗迹包括灰坑和房址，房址为半地穴式，房子地下部分均就生土挖成，残存壁面整齐光滑，地面平坦，近壁的地面残存有厚约1—2厘米的白灰面，大部分地面露出坚实平整的生土硬面。还有经过烧烤的小面积烧土。出土陶器主要器形有高领鬲、单耳鬲、直口肥袋足鬲、斝、盆形甗、敞口平底杯、单耳杯、敞口弧形盘、粗柄豆、宽沿侈口深腹盆、敞口深腹盆、甑、扁壶、高领单耳鼓腹罐、侈口宽沿鼓腹罐、小口高领折肩罐、圈足罐等。

南石遗址反映出的文化面貌与陶寺遗址晚期遗存十分相似，是晋南地区龙山时期陶寺文化晚期的代表性遗存。南石遗址出土遗物的特征与该遗址接壤的方城遗址类同，两个遗址共同组成面积超过300万平方米的大型聚落遗址，其规模不亚于与其仅一山之隔的陶寺遗址。两个中心聚落相距如此之近，在龙山时期其他地区还不多见，为阐释这一时期社会关系提供了对比材料。

南石遗址灰坑

南石遗址采集标本

南石遗址全景

河云遗址

位置　临汾市翼城县南唐乡河云村东南约200米

时代　新石器时代、夏代、东周、汉代

类型　古文化遗址

1996年，被山西省人民政府公布为第三批省级文物保护单位。

河云遗址面积约80万平方米，包含新石器时代、夏代、东周、汉代等多个阶段遗存。

遗址范围内遗存丰富，采集有仰韶晚期的泥质红陶平沿盆、小口尖底瓶和夹砂红陶篮纹罐，龙山晚期陶寺文化的夹砂灰陶绳纹袋足鬲、侈口深腹罐等，东周时期的夹砂灰陶绳纹鬲、泥质灰陶罐，汉代的泥质灰陶盆和瓮等残片。

该遗址规模大，时代跨度长，兼具有晋南各个文化鼎盛阶段遗存，对探索该地区早期历史变迁具有重要参考价值。

河云遗址文化层

河云遗址全景

枣园—南撖遗址

位置 临汾市翼城县隆化镇枣园村

时代 新石器时代

类型 古文化遗址

1996年，被山西省人民政府公布为第三批省级文物保护单位。

枣园—南撖遗址位于翼城县隆化镇的浍河及其支流史伯河、浇底河、海子沟、石门河两岸，地处太岳山向汾河谷地过渡的山前地带。遗址跨越南撖、北撖、南卫、枣园等村庄，总面积约130万平方米，形成了一个以仰韶时期遗存为主的遗址群。

1957年、1982年、1986年进行过3次调查，1991年复查了北撖、南撖、殿儿垣等遗址，新发现了枣园、南撖遗址。20世纪90年代清理发掘了北撖、枣园等遗址。

枣园遗址出土陶器以圆底或平底钵、折沿或折腹盆、鼓肩或溜肩小口壶、蒜头壶、素面或弦纹夹砂罐、陶鼎等为代表，明显有别于以往所发现的仰韶时期其他文化类型，被命名为“枣园文化”，其文化内涵十分单纯，是目前山西发现最早的新石器时代考古学文化。

经碳14测年，枣园遗址第一期年代在距今7400年，第三期年代在距今6400年，其时代上限略晚于老官台文化、裴李岗文化，属前仰韶时期最后一个阶段，或是前仰韶与仰韶的临界点；下限则接近仰韶中期庙底沟文化的早期，与渭水流域半坡文化早期有过一段相当长时间的对峙，也有学者将其归为仰韶文化的最早期遗存，称之为“仰韶文化初期枣园类型”，该类遗存分布广泛，集中在晋南、关中东部及豫西等地区，包括

枣园遗址航拍图（北向南）

枣园遗址房址

枣园遗址出土陶钵

枣园遗址出土陶蒜头壶

枣园遗址出土鼓肩小口壶

万荣西解、垣曲古城东关、垣曲宁家坡、芮城坡头、侯马褚村、临潼零口、灵宝底董、新安荒坡等遗址均有这一时期遗存。

在枣园之后，该遗址群以北撖、南撖为代表，主体遗存分为4期，其中第一、二期与半坡文化晚期相当，紧接枣园文化，三、四期属于传统意义上的仰韶中期庙底沟文化初期阶段，北撖第一至四期遗存为一脉相承、不可分割的同一考古学文化，其前身是枣园文化，其发现为庙底沟文化的起源和早期发展提供了难能可贵的重要资料。

冶南冶炼遗址

位置 临汾市翼城县唐兴镇冶南村

时代 汉代

类型 古文化遗址

2016年，被山西省人民政府公布为第五批省级文物保护单位。

冶南冶炼遗址濒临浍河，遗址面积约1.2万平方米，时代为汉代。1996年秋，在此发现了两块巨大铁块以及多个古代炉子和大量的铁渣、木炭、陶片等遗迹遗物，遂在此展开调查，确认此处为西汉时期一处冶铁遗址。

经调查发现的遗迹和遗物包括两件巨大的不规则形铁块，高约5米，重逾20吨，铁块周围尚存至少3个圆形炉子，直径约在1.5米。在遗址的东南部浍河边的断崖上可见面积巨大的灰坑，内含铁渣、铁矿块、炉渣、炉壁残块、红烧土块、陶范等。在遗址北部的冶南村南发现1处圆形遗迹，四壁经火烤，其内填土夹有炉渣、红烧土块等，性质可能与冶炼有关。另在遗址东部偏北处采集有大量炉渣、铁矿块、炉壁、红烧土块、陶范等冶铸遗物，筒瓦、板瓦等建筑遗物和陶盆、陶罐等生活用品残片。

采集到的陶范中有容器范、工具范，均为残块。范腔表面极其细腻光滑，工具范皆由细砂加细黏土调和而成的细料制成，这保证了铸件表面的光洁度，容器范仅在范腔表面用一薄层细料，其外部全部用羼入了糠壳、麦秸类植物的草拌泥。这一方面可节约细料，另一方面也增加了范的透气性，使范在浇铸过程中有更好的散热作用，有利于提高铸件的成品率。从发现的包含五铢钱在内的遗物判断，冶南冶炼遗址时代应为西汉中晚期。

冶南冶炼遗址陶范残块

冶南冶炼遗址全景

感军遗址

位置 临汾市翼城县里砦镇感军村西南

时代 夏代、东周

类型 古文化遗址

2021年，被山西省人民政府公布为第六批省级文物保护单位。

感军遗址分布面积约24万平方米，主体年代以二里头文化东下冯类型为主，此外还有部分东周时期遗存。

遗址内断崖上暴露有灰坑，距地表0.5—0.9米不等，文化层厚度不详，地面和灰坑内采集有石杵、石铲、石刀及部分陶器。夏时期遗物有泥质灰陶绳纹罐等，东周时期遗物有夹砂灰陶绳纹鬲、绳纹甗和泥质灰陶绳纹罐等残片。

感军遗址全景

上韩遗址

位置：临汾市翼城县里砦镇上韩村西南约1千米处

时代：夏代、东周

类型：古文化遗址

2021 年，被山西省人民政府公布为第六批省级文物保护单位。

上韩遗址处于北高南低的缓坡，北依塔儿山，东邻绵山，西南距曲村—天马遗址约 6 千米，东距苇沟—北寿城遗址约 6 千米，西与东午寄遗址隔沟相望，遗址北边东西长 509 米，南边东西长 648 米、南北宽 548 米，总面积约 32 万平方米。遗址西为冲沟（澄金河支流），东边 2 千米处有澄金河（曲沃县境内叫“滏河”）。2015 年在调查盗掘古墓葬违法行为时发现。

2016 年 3 月至 9 月，山西省考古研究所和翼城县文物旅游局组成联合考古发掘队，对上韩遗址进行了重点考古调查勘探和试点发掘，发掘面积为 100 平方米，除墓葬外还发现有大量的灰坑，采集有夏代和东周时期的陶片，器形为鬲、罐、盆、豆，同时还有贝币、蚌饰、蛤饰、玉饰件、铜泡等，墓葬区位于遗址西部，所试掘的 3 座墓葬时代初步判断为战国晚期。墓葬内墓主人葬式为仰身直肢葬，应系晋地原住居民，这为研究春秋战国时期晋南地区生活习俗特别是墓葬风俗提供了研究实物，有较大的历史文化、民风民俗研究价值。从上韩遗址 M1、M2、M3 的随葬品——铜蒜头壶、铜鍪、铜扁壶和陶茧形壶等出土器物考察，又具有明显的秦文化特点，这说明战国晚期秦文化在东渐过程中与晋文化发生碰撞，对当地文化产生了影响。

上韩遗址挖掘现场

上韩遗址挖掘现场

上韩遗址出土器物

上韩遗址出土器物

高家洼千佛塔

位置 临汾市翼城县南梁镇北梁村高家洼自然村

时代 宋代

类型 古建筑

2021年，被山西省人民政府公布为第六批省级文物保护单位。

高家洼千佛塔，据碑文记载创建年代不详，“自天成二年（927）复现……”，宋崇宁四年（1105）、元至元三十一年（1294）、清乾隆十六年（1751）均有修葺。

现存为宋代砖塔，石砌塔基，平面方形，高0.5米，边宽5.4米。砖砌实心方形塔身，一层四周檐部施仿木砖雕飞檐斗栱，为五铺作重杪单栱造。一层中部劈南北向拱洞。

塔前两侧各竖重修碑1通。东侧立《重修千佛窟塔之铭》碑，宋崇宁四年（1105）三月立。西侧立《故城村重修千佛窟石记》，为元至元三十一年（1294）立。这里曾是被誉为翼城县古八景之一的“佛窟钟声”。

高家洼千佛塔是翼城县唯一一座宋代砖塔，为研究佛教史和宋代建筑史提供了重要的实物资料。

高家洼千佛塔近景

中贺水泰岱庙

位置 临汾市翼城县南梁镇水村东北

时代 清代

类型 古建筑

2016年，被山西省人民政府公布为第五批省级文物保护单位。

中贺水泰岱庙俗称“东岳庙”，创建年代不详。据正殿脊板题记和碑文记载，庙创建于元初，清康熙三十四年（1695）重修，嘉庆十二年（1807）重建正殿，光绪二十九年（1903）又有重修。现存为清代建筑，中轴线上由南向北依次为山门、戏台、南房、厢房、廊房、配殿、正殿及东、西耳殿。

正殿面阔三间，进深两椽，前面设廊，单檐悬山顶，灰陶筒瓦屋面，灰陶脊饰。

戏台为庙中主要建筑，创建于清康熙三十四年（1695），坐南朝北，历史上曾塌毁，仅存台明及山墙，现已复原。

庙内现存元至大三年（1310）《创建岱岳庙记》及清光绪二十九年（1903）《重修东岳庙碑记》碑各1通。正殿内后墙有条幅式水墨壁画10幅。

该庙是翼城县现存规模最大、最完整的一组清代建筑。

中贺水泰岱庙戏台正立面

中贺水泰岱庙戏台梁架

中贺水泰岱庙全景

东午寄普润院

位置：临汾市翼城县里砦镇东午寄村东南

时代：明代

类型：古建筑

2021年，被山西省人民政府公布为第六批省级文物保护单位。

东午寄普润院创建年代不详，据正殿脊板题记记载，明正德十一年（1516）重建，清道光二十九年（1849）重修，现存为明代建筑，仅存正殿及东、西耳殿。寺院坐北朝南，占地面积为269.16平方米。

正殿砖石台基，宽15.38米，深12.56米，高0.4米，殿面阔三间，进深四椽，用七檩，单檐悬山顶，七檩无廊式，顶部置琉璃龙吻，正垂脊饰琉璃脊饰，殿顶举折平缓，出檐深远，前后檐下各施三踩斗栱七攒，平身科45° 出斜栱。殿内梁架为彻上露明造，加工精细。明间置两扇板门。

正殿两旁有东、西耳殿各一间，砖石台基，宽3.55米，深6.78米，高0.40米，进深两椽，单檐悬山顶，三檩无廊式。

东午寄普润院内部梁架规整，斗栱形状奇特。

东午寄普润院梁架

东午寄普润院正殿

东午寄普润院正殿外檐斗栱

西阎汤王庙

位置：临汾市翼城县西阎镇西阎村南部

时代：明代

类型：古建筑

2021年，被山西省人民政府公布为第六批省级文物保护单位。

西阎汤王庙创建年代不详，据庙内《创建汤圣明君庙宇碑》记载，清康熙十二年（1673）建，另据庙内其他碑记载，清道光元年（1821）、1916年重修或补修，现存为清代建筑。庙坐北朝南，一进院落布局。中轴线上由南向北依次为戏台、献殿、正殿，两侧建东西掖门、看楼、配殿、东廊房、东西耳殿、东偏殿。除西配殿已改为现代建筑外，其余古代建筑尚存。

戏台为仿元代舞楼建筑，建在高1.7米石砌台基上，面阔、进深均为一间，单檐歇山顶，琉璃脊兽剪边，八卦藻井，檐下四周斗栱二十攒，均为五踩双下昂，四面各施一圆木普拍枋，台身左、右、后三面砌墙，两侧山墙前端作“八”字形敞开。

西阎汤王庙戏台藻井

西阎汤王庙全景

献殿面阔三间，进深二椽，悬山顶，四檩无廊式，檐下用通圆木阑额，平身科装饰性斗栱一攒；正殿面阔三间，进深五椽，悬山顶，六檩前出廊式，阑额雕刻花卉。

现存清代碑刻 2 通、民国碑刻 1 通。

西阎汤王庙是规格保存完整的清代建筑，对研究当地清代建筑布局有较高的价值。

城南老君庙

位置：临汾市翼城县唐兴镇城南村

时代：明代至清代

类型：古建筑

2021年，被山西省人民政府公布为第六批省级文物保护单位。

城南老君庙，据庙内碑文载明万历年间、清乾隆十七年（1752）均有重修，现存东配殿为明代建筑，其余为清代建筑。庙坐北朝南，中轴线上仅存献殿，两侧为东配殿、魁星楼。

献殿面阔三间，进深三椽，单檐卷棚顶。东配殿面阔三间，进深四椽，单檐悬山顶，梁架为五架梁用二柱，前檐斗栱坐于大额枋之上，三踩单下昂，出耍头，前西壁镶嵌清代《重修老君殿碑记》碑1通。

城南老君庙是翼城县已知现存的唯一一座老君庙。

城南老君庙献殿梁架

城南老君庙献殿正立面

城南老君庙东配殿

裕公和尚道行碑

位置 临汾市翼城县唐兴镇城内村

时代 元代

类型 石窟寺及石刻

1986年，被山西省人民政府公布为第二批省级文物保护单位。

裕公和尚道行碑，元延祐七年（1320）春立石。元代大书法家赵孟頫为其撰文并书碑文、碑额，立碑人有僧智恩、智贞、智信、文勤等，太平县石匠头目李世英、李世昌刊。

碑青石质，螭首龟趺座，通高4.09米，碑首方形（断为3块），高1米，宽1.4米，厚0.55米；碑身高2.54米，宽1.15米，厚0.34米；碑座长2.22米，宽1.15米，高0.55米。碑额篆书“金仙裕公和尚道行碑”，首题“大元晋宁路翼城县金仙寺主持弘辩兴教大师裕公和尚道行碑”，碑身楷书，间有行书，正文20行，满行54字。碑文记述裕公和尚曾给元世祖忽必烈讲经，合圣意被赐袈裟，死后其弟子为状其师之行，“走京城请纪师之道行，以传不朽”。

此碑保存基本完整，为元代大书法家赵孟頫亲书，是不可多得的书法艺术瑰宝。

裕公和尚道行碑区域全景

裕公和尚道行碑

丁村遗址

襄汾县

位置：临汾市襄汾县丁村汾河东岸的第三阶地上

时代：旧石器时代

类型：古文化遗址

1961 年，被国务院公布为第一批全国重点文物保护单位。

丁村遗址主体年代以旧石器时代中期为主，下限可延续至旧石器时代晚期。

丁村遗址于 1953 年被发现，1954 年进行了考古发掘工

丁村遗址 54：102 地点地貌全景（自西南向东北）

作。此后，于 1975 年、1977 年、1978 年、1979 年、2013 年、2020 年等年度进行了多次考古发掘和调查工作。

2021 年，对位于汾河东岸Ⅲ级阶地上的 54：102 地点进行了一次发掘，确认其地层堆积为黄土和河流堆积相结合的二元结构，发掘深度 19.1 米。出土文化遗物 275 件，除少量遗物出自 S1 古土壤层和“丁村组”下部的砂砾层外，其余均出自“丁村组”砂砾层中，主要为石制品、动物化石等。石制品原料以角页岩为主，其次为燧石、砂岩、石英砂岩等；磨蚀程度不一，部分石制品覆白色钙质；类型有石核（包括普通石核和盘状石核）、石片、工具、断片等。工具类型较为简单，以刮削器为主，少量尖状器。动物化石大多较为破碎，能够鉴定种属的较少。石制品及伴出的砾石等尺寸较小，反映了遗址弱水动力的埋藏环境。

54：102 地点揭露出完整的丁村遗址典型地层剖面，与学术界确定的丁村遗址标准地层剖面——54：100 地点的地层呈现出良好的对应关系。更重要的是，新发现了“丁村组”的侵蚀面。结合自地层自上而下采集的光释光样品的测年结果，有助于解决学术界多年来争论不断的“丁村组”年代问题，出土的大量石制品等遗物均有明确的地层，这为研究丁村遗址石器技术及人类行为补充了一批实物资料。

丁村遗址 54：102 地点剖面

丁村遗址出土石锯

陶寺遗址

位置：临汾市襄汾县县城东北7.5千米的陶寺村

时代：新石器时代

类型：古文化遗址

1988 年，被国务院公布为第三批全国重点文物保护单位。

陶寺遗址分布于陶寺村、东坡沟、沟西村、中梁村、宋村等 5 个自然村，以“陶寺村”命名。遗址地处太岳山脉余脉崇山（俗称“塔儿山”）北麓山前向汾河谷地过渡的缓坡状黄土塬上，东依崇山主峰塔儿山，南、北分别被崇山的小支脉所夹，西北则向平广的汾河谷地和临汾盆地敞开，形成三面环山、一面向水的山川形势。

该遗址面积达 400 多万平方米，主体年代以龙山晚期为主。

经过 60 余年考古工作， 不仅从考古学上确立了陶寺文化，解决了它的年代和文化性质问题，还发现了郭城、宫城、王族墓地、贵族及平民居住区、大型仓储区和作坊区等，出土了中国最早的书写文字，确认了世界最早的观象台。从年代和地望、遗址性质、等级和内涵上看，陶寺是同“尧都”最吻合的遗址。

陶寺中期城址面积达 280 万平方米，是中原地区同时期规模最大的城址，且有着明显的规划，总体布局是宫殿建筑区（宫城）居前（偏东北），其他功能区居后（偏西南），即城址内东北部是宫城和宫殿群所在的核心区，宫城呈长方形，东西长约 470 米，南北宽约 270 米，面积近 13 万平方米，宫城内有数座大型建筑，规模宏大，其中 1 号宫殿单体面积 6000 平方米，是目前所见同时期单体面积最大的夯土建筑，可与后代王都的宫殿建筑媲美。宫城西南近处为下层贵族居住区，宫城南

陶寺遗址观象台全景

部近处是仓储区。

陶寺聚落形态的多层次、规划性显示了管理组织的存在，且是有别于简单的管理组织，官僚机构已具雏形。城址中贵族居住区和墓葬中的大中型墓说明了权贵阶层的出现，权贵阶层掌握管理组织形成官僚机构。陶寺宫城规模宏大，自成体系，形制规整，并具有突出的防御性质，是目前考古发现的中国最早的宫城。

陶寺遗址陶寺 M2001 全景

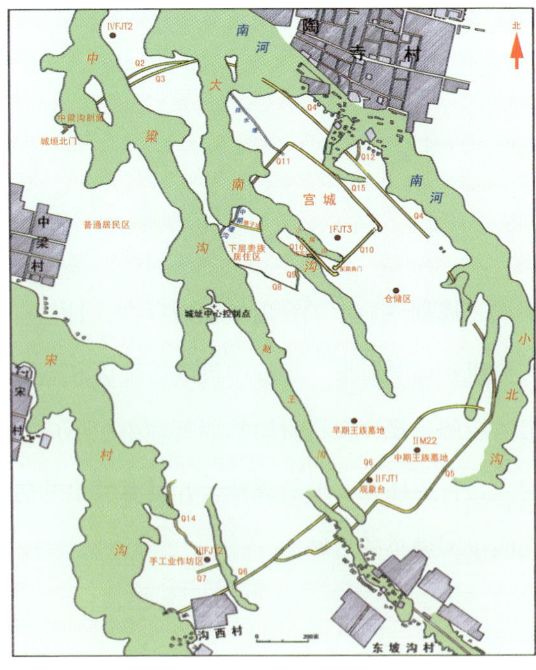

陶寺遗址城址图

陶寺遗址出土的玉兽面

陶寺北墓地

位置　临汾市襄汾县陶寺乡陶寺村北

时代　东周

类型　古墓葬

2019年，被国务院公布为第八批全国重点文物保护单位。

陶寺北墓地东西长约600米，南北宽约400米，总面积约24万平方米。墓地主体年代以春秋时期为主，上限可早至两周之际，下限可延续至战国晚期。

该墓地是两周时期晋国的“邦墓”，墓葬数量应该在10000座左右，从墓葬分布情况来看，应该有统 的规划，大型墓葬通常沿西北—东南主线排列，中小型墓葬集中散布于大墓周围，墓地中部墓葬密集。墓葬间没有打破关系，由早到晚从西北向东南排列，西北部墓葬年代较早，属两周之际，东南部已至战国时期，墓地延续约500年。

2014年9月至2018年9月，发掘面积近1万平方米，发现车马坑6座，已发掘春秋时期墓葬259座，均为竖穴土坑墓。卿大夫、士一级贵族墓葬19座，葬式明确的墓葬头均北向，仰身直肢葬。春秋早期平民墓葬214座，头多北向，个别头西向或南向；葬式为仰身直肢或屈肢葬，屈肢葬约占二分之一强；春秋晚期平民墓葬26座，均仰身直肢葬，头北向。

陶寺北墓地丰富的地下文物是填充构筑晋国史的宝贵资料，其中的丧葬遗迹、保存较完整的“荒帷”遗迹、卫国刻

陶寺北墓地航拍图

铭编钟为相关的专题研究提供了有益线索。特别是该墓地所见春秋早期玉石器祭祀遗存在东周考古中是首次发现，也是继北赵晋侯、曲沃羊舌等墓地之后又一处发现有动物祭祀遗存的墓地，为进一步探索古代“墓祭”制度提供了重要的线索。

陶寺北墓地出土铜鼎

陶寺北墓地出土卫国“书”钟

汾城古建筑群

位置 临汾市襄汾县汾城镇

时代 金代至清代

类型 古建筑

2006年，被国务院公布为第六批全国重点文物保护单位。

汾城古建筑群，包含寺庙、衙署、民居、商铺、城墙、古桥等22处。其中有建于金代的洪济桥，元代的明伦堂、汾城文庙，明清时期的汾城城隍庙、县衙大堂、太平城墙、王氏知府第，清代的汾城鼓楼、长春堂药铺、永泰园杂货铺、汾城试院等。

洪济桥位于襄汾县汾城镇南关村中，太平县故城西南隅。创建于金大定二十三年（1183），明清屡有修葺，清乾隆十六年（1751）桥上木构建筑倒塌，修建时将木柱改为石柱。东西走向，全长17.87米，总宽7.29米，占地面积131平方米。桥上置木构歇山顶建筑，面阔五间，进深一间，是北方少有的廊桥建筑。

汾城明伦堂位于襄汾县汾城镇城内村村中，创建年代不详，现存建筑为元代遗构，1986年曾修缮。明伦堂坐北面南，占地面积235平方米。明伦堂面阔三间，进深六椽，灰筒板瓦悬山顶。斗栱为四铺作计心造，梁架结构为六架椽后牵用三柱。

汾城古建筑群城隍庙鸟瞰

汾城文庙位于襄汾县汾城镇城内村村中，创建于唐代，元至正四年（1344）重修，至正十八年（1358）毁，十九年（1359）重建，明清曾多次修葺、增建。文庙坐北向南，现共存三进院落，与城隍庙南北首尾相接，占地总面积8235平方米。中轴线上现存影壁、棂星门、泮池、戟门、大成殿、藏经楼（遗址），两侧有二进院东西两庑、戟门两侧东西角门、东西配房、崇圣祠，共计12座建筑。

汾城古建筑群时间跨度长、规模大、种类多，真实地反映出我国古代县级城市的经济、政治和文化历史面貌。

汾城古建筑群城隍庙

汾城古建筑群文庙

灵光寺琉璃塔

位置　临汾市襄汾县邓庄镇上北梁村

时代　金代

类型　古建筑

2013年，被国务院公布为第七批全国重点文物保护单位。

据清光绪《太平县志》载，灵光寺始建于唐永徽三年（652），金皇统年间重建，历代均有修葺。1948年寺毁仅存塔。

灵光寺琉璃塔坐北朝南，为八角十三层楼阁式砖塔，中空，现存七层，残高22.44米。据民国《襄陵县志》记载："灵光寺在县东南北梁村，金皇统年间重建……有碑。内有宝塔，高十三级。后有藏经楼。"塔基现埋于地下，第一层塔身南侧辟券门，其余七面设假门，门两侧分别镶嵌1方修塔功德碑，字迹均已漫漶不清。塔身各层檐部均施木构砖雕，镶嵌黄绿色琉璃的斗栱、阑额、普拍枋、垂莲柱，椽飞、勾头、滴水等。琉璃斗栱为五铺作出双下昂，单栱计心造，琴面昂，耍头斜杀内凹。塔身三层檐下饰以双层仰莲，琉璃莲瓣上均镶嵌佛像。第四层塔身作仿木楼阁的平座。塔内夹墙内设螺旋状楼梯，各层设木楼板，现楼板已不存。

灵光寺琉璃塔

灵光寺琉璃塔是我国保存至今为数不多的早期琉璃塔之一，具有重要的历史价值和艺术价值。

普净寺

临汾市襄汾县赵康镇史威村

元代至清代

古建筑

2006年，被国务院公布为第六批全国重点文物保护单位。

普净寺，据寺内碑文记载，创建于元大德七年（1303），明正统十年（1445）、成化九年（1473）、正德三年（1508）均有重修。寺坐北朝南，占地面积5774平方米，四进院落布局，中轴线上现存山门、天王殿、罗汉殿、关公殿、大雄宝殿，两侧有药王殿、拜殿、钟楼。

大雄宝殿，面阔三间，进深六椽，悬山顶。明间设佛坛，上塑“华严三圣”。山门，面阔三间，进深二椽，单檐悬山顶，明间为山门，两次间有哼哈二将彩塑2尊。天王殿，面阔三间，进深四椽，五檩无廊，前墙为新建，内塑明代彩塑4尊。罗汉殿，面阔三间，进深六椽，七檩无廊，内存明代彩塑34尊。关公殿，面阔三间，进深四椽，五檩无廊，内存明代彩塑8尊。药王殿面阔三间，进深四椽。前有拜殿，面阔三间，卷棚顶，灰筒板瓦屋面，内存清代彩塑3尊。

寺内另存明代碑2通、清代重修碑2通。

普净寺是保存完好的一组元明清时期的建筑群，其建筑结构是研究元明清时期古建筑的珍贵标本，建筑内赋存大量元代及明代早期彩塑，是研究美术史与传统雕塑的典型案例，具有很高的历史价值与艺术价值。

普净寺鸟瞰

普净寺正殿

普净寺正殿彩塑

襄陵文庙大成殿

位置　临汾市襄汾县襄陵镇中兴、东街、北街三村交界处

时代　元代

类型　古建筑

2013年，被国务院公布为第七批全国重点文物保护单位。

襄陵文庙大成殿，据民国《襄陵县志》记载，创建于金大安元年（1209），元大德七年（1303）大地震时，大成殿塌毁，大德十年（1306）重建，现存为元代建筑，明清时期屡有修葺。襄陵文庙坐北向南，现仅存大成殿、东便门，占地面积727平方米。

大成殿前设月台，殿面阔五间，进深十椽，单檐歇山顶，筒板瓦屋面。梁架结构为六椽栿前后施乳栿通檐用四柱；山面梁架为十架椽屋分心乳栿用五柱。角柱生起、侧脚显著。补间设斗栱一朵，斗栱为五铺作重栱出单杪单下昂里转出两杪计心造。

大成殿具有明显的元代建筑特征，保存基本完整，具有一定的历史价值。

襄陵文庙大成殿梁架

襄陵文庙大成殿正面

襄陵文庙大成殿

丁村民宅

位置 临汾市襄汾县新城镇丁村

时代 明代至清代

类型 古建筑

1988年，被国务院公布为第三批全国重点文物保护单位。

丁村民宅创建于明代，清至民国续建，占地面积约9万平方米。民宅建筑群呈东北—西南向分布，分北院、中院、南院、西北院四大组，列入“国保”单位的院落有40座。北院以明代建筑为主，中院以清雍正、乾隆时期建筑为多，南院则以道光、咸丰时期建筑居多，西北院则皆为乾隆、嘉庆时期所筑。据建房题记，建于明万历年间的7座，清雍正年间的3座、乾隆年间的11座、嘉庆年间的2座、道光年间的2座、咸丰年间的3座、宣统年间的1座，另有民国建筑2座，未发现纪年但建筑风格属清代的10座。

丁村民宅3号院即“丁翰卿宅院”，位于丁村民宅东北部。据正房梁架题记记载，丁翰卿宅院建于明万历二十一年（1593）。宅院坐北向南，占地面积411平方米。一进院落布局，现存大门、影壁、正房、东西厢房，大门位于院落东南角。正房面阔三间，进深三椽，灰筒板瓦悬山顶。梁架为四檩前廊式通檐用三柱。明间、次间均施隔扇门六扇。厢房为三间分两室，各设板门、直棂窗，进深二椽，筒板瓦悬山顶。南房面阔三间，进深二椽，筒板瓦悬山顶。明间设板门，次间为直棂窗。

丁村民宅1号院位于丁村民宅东北部。据正房梁架题记记载，创建于清乾隆五十六年（1791）。宅院坐北向南，占地面积651平方米，二进院落布局，现存影壁、大门、一进院东西厢房、过厅、二进院东西厢房、正房。大门位于院落中轴线南端。正房二层，面阔三间，进深三椽，灰筒板瓦硬山顶。一进院、二进院东西厢房均为三间分两室，各设板门、直棂窗，进深二椽，筒板瓦硬山顶。过厅面阔三间，进深四椽，筒板瓦硬山顶。前后檐墙明间、次间均设板门。

丁村民宅的宅院设置，以四合院布局为主，各院落建筑布列不同，多数建筑上留有年款题记和匠师姓名，是研究中国北方村庄民宅布局和建筑形式的重要实例。宅院建筑赋存丰富多彩的木雕、石雕、砖雕，是中国民间雕刻艺术中的一批优秀作品。

丁村民宅14号院

丁村民宅19号院

丁村民宅全景

沙女遗址

位置：临汾市襄汾县城关镇沙女沟村东1.5千米塔儿山西脉

时代：旧石器时代

类型：古文化遗址

1986年，被山西省人民政府公布为第二批省级文物保护单位。

沙女遗址主体年代为旧石器时代晚期，在所调查的李沟、青杨岭、六家嘴等地大约七八平方千米范围内，陆续有大量石器发现，其中以沙女沟村东约2千米的大崮堆山南坡最为集中和丰富，面积达4000平方米，是一处史前时期的石器制造场。

遗址石制品分布较为密集，俯拾皆是。石制品分布在由灰黑色角页岩构成的山坡上，厚度一般在数十厘米，最厚可达4米。在文化层中尚未发现任何磨光石器或陶片。文化遗物为石核、石片和石器，均系角页岩质。石核分为规则状和不规则状两大类。石片宽大于长者居多数，台面为劈裂面者约占一半以上，打击点多数清晰。打击石器采用锤击和摔碰法。石器主要有石锤、砍斫器、刮削器、手斧、尖状器和石矛头等类型。

该遗址发现的大量石制品为研究史前时期石料开采与石器制作提供了重要实物证据，是研究早期手工生产的一个重要突破口，也为同时期相关遗址的石料来源提供了线索。

沙女遗址保护标志碑

沙女遗址近景

寺头遗址

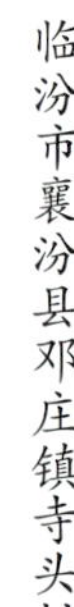

位置：临汾市襄汾县邓庄镇寺头村

时代：新石器时代

类型：古文化遗址

1965 年，被山西省人民委员会公布为第一批省级文物保护单位。

寺头遗址位于塔儿山西麓的山前坡地，地势东高西低，呈缓坡状，汾河从其西面流过。遗址主体年代以龙山时代晚期为主，面积在 10 万平方米以上。

该遗址暴露在地表的主要遗迹有灰坑和白灰面房址两种，遗物主要是陶器，以绳纹和夹砂灰陶为主，器形有鬲、豆、盆、罐、钵等。另外还采集有铲、刀等石质工具。从采集陶器看与陶寺遗址出土的器物基本相同。

该遗址为研究临汾盆地新石器时代的人类活动、社会结构、文化传承以及当时的制陶技术等方面提供了实物资料，有助于深入了解陶寺文化的特点、发展脉络和区域文化交流等情况。

寺头遗址保护标志碑

寺头遗址东南部断崖暴露汉代空心砖墓

大张遗址

位置：临汾市襄汾县南贯镇大张村南800米季节河南岸台地上

时代：新石器时代至东周

类型：古文化遗址

2004年，被山西省人民政府公布为第四批省级文物保护单位。

大张遗址分布面积约15万平方米，文化层厚约0.8—1米。断崖暴露遗迹有灰坑2个（H1、H2）。采集有新石器时代的夹砂灰陶三足瓮残片、夹砂褐陶线纹陶片、泥质灰陶纺轮、烧陶支钉、泥质红陶钵残片和东周时期的泥质灰陶绳纹罐、盆、夹砂灰陶卷沿绳鬲、泥质灰陶折沿盆等残片。

大张遗址断崖遗物

大张遗址全景

南大柴遗址

位置　临汾市襄汾县南贾镇大柴村

时代　新石器时代

类型　古文化遗址

1986 年，被山西省人民政府公布为第二批省级文物保护单位。

南大柴遗址文化属性为二里头文化东下冯类型，遗址面积约 8 万平方米。遗址范围内文化堆积较厚，遗迹仅见灰坑，文化内涵单一。遗物主要为陶器，陶质以泥质灰陶和夹砂灰陶为主。陶器多为手制。纹饰主要是绳纹，另有附加堆纹、弦纹、卷云纹等。以圜底器和三足器为最多，平底和圈足器较少。主要炊具是鬲、甗、大口深腹罐等。容器主要有大口尊、折肩罐、折肩瓮、蛋形三足瓮、盆等。食器有钵、碗、豆等。酒器仅见 1 件残爵和 1 件陶角的管状流。

南大柴遗址的发掘意义在于揭示了一批二里头文化东下冯类型的遗存，研究表明二里头文化东下冯类型与陶寺文化虽处于同一地域，但并非其自然延续，为揭示陶寺之后晋南势力格局提供了重要线索。

南大柴遗址灰坑（H1）

赵康古城遗址

位置 临汾市襄汾县城西南30千米赵康镇东

时代 春秋

类型 古文化遗址

1965 年，被山西省人民委员会公布为第一批省级文物保护单位。

赵康古城遗址年代自春秋时期延续至汉代，遗址面积约 500 万平方米。

赵康古城遗址分内、外两重城。外城平面近长方形，南部较宽，城外周有明显的护城河遗迹。城址大体保存完好，墙土红褐色，夯打坚实。城内地形北高南低，中部和南部有汉代建筑遗址。内城位于大城北部的正中间，倚其北墙建成，地势北高南低，出土有较多板瓦、筒瓦和瓦当。

赵康古城遗址可能为春秋时期的“故绛都”和汉初的“临汾城”，当地人称为“古晋城”，这为“晋城”的始建提供了一个重要参考。

赵康古城遗址 M6 ：5 出土的陶罐

赵康古城遗址 M4 ：10 出土的棺饰

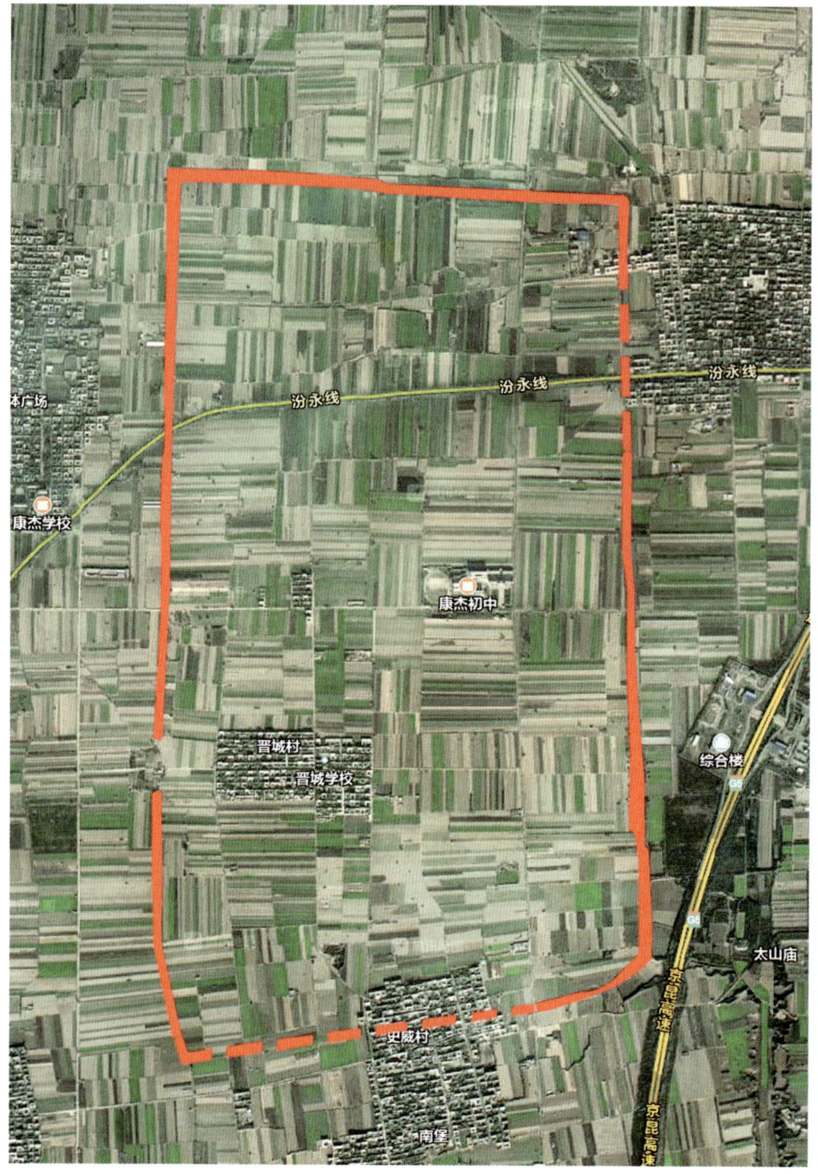

赵康古城遗址卫星图

赵康古城遗址 M4 墓室全景（自南向北）

晋襄公墓

位置：临汾市襄汾县襄陵镇

时代：春秋

类型：古墓葬

1965年，被山西省人民委员会公布为第一批省级文物保护单位。

晋襄公，姬姓，名驩，晋文公重耳之子，公元前627—前621年在位。据《史记》载，晋国建都襄汾、曲沃一带。晋襄公陵建于襄陵县（今襄汾县）城北30千米（今刘庄），县由此得名。据民国《襄陵县志》记载“晋襄公陵在东柴村南原上”。

晋襄公墓，地表现存圆形封土3座，底径约40米，残高约18米。墓前立清乾隆四十八年（1783）襄陵知县汪本直书“晋襄公陵”墓碑1通。

晋襄公墓全景

关帝楼

位置：临汾市襄汾县陶寺乡陶寺村

时代：元代

类型：古建筑

2004年，被山西省人民政府公布为第四批省级文物保护单位。

关帝楼，据碑文记载创建于元大德五年（1301），毁于大德七年（1303）大地震，至正二十五年（1365）开工重建，至正二十六年（1366）夏竣工。

关帝楼坐西向东，占地面积186平方米，面阔三间，进深三间，二层重檐歇山顶建筑。一层四周围廊，二层重檐歇山，平面呈方形，台明为“回”字形两层台明。

南侧围廊下，现存有元至正二十六年（1366）新建关公行祠碑1通。

整座楼阁造型敦厚雄健，是元代楼阁建筑的精品。

关帝楼立面

赵曲文庙大成殿

2016年，被山西省人民政府公布为第五批省级文物保护单位。

据史料记载，赵曲文庙最早为“夫子庙”，明代时称“礼殿”，清时改称“宣圣殿”。文庙创建年代不详，明弘治十二年（1499），清康熙二十九年（1690）、雍正十年（1732）、乾隆五十七年（1792）及咸丰二年（1852）多次予以维修，现仅存大成殿。

大成殿坐北面南，建于高约1米的台基之上，四周回廊，面阔五间，通面阔16米，进深五间，通进深16米，重檐歇山顶建筑，灰陶筒瓦屋面，黄绿琉璃脊饰，绿色琉璃剪边。殿内使用“井”字梁加藻井，形成无梁殿。

赵曲文庙大成殿是研究古代村镇级文庙不可多得的实物例证，是研究明清时期建筑发展的重要实例。

赵曲文庙大成殿正立面

位置　临汾市襄汾县新城镇赵曲村小学内

时代　清代

类型　古建筑

北焦彭东岳庙大殿

位置：临汾市襄汾县古城镇北焦彭村

时代：元代

类型：古建筑

2016年，被山西省人民政府公布为第五批省级文物保护单位。

北焦彭东岳庙始建年代不详，现仅存大殿1座，随檩枋下有明崇祯十一年（1638）“重修移建”题记。

大殿面阔三间，进深两间，单檐悬山顶，灰陶筒瓦屋面。明间梁架结构为五檩无廊式，次间梁架为五檩中柱式；柱头及补间各施斗栱一朵，为单翘单昂五踩斗栱，前檐斗栱之下施通檐的大额枋；后檐平板枋、额枋成“T”形结构。从大殿的梁架结构、斗栱用材及做法分析判断，现存大殿为元代遗构，明、清两代屡有修葺。

大殿随檩枋题记为“大明崇祯十一年岁次戊寅仲春月丁未日吉时重修移建竖柱上梁”，表明现存建筑在明崇祯十一年（1638）由别处移建至北焦彭村，当是在特殊历史背景下发生的事件，对研究当时历史事件提供了实物例证。

北焦彭东岳庙大殿正立面

仓头伯王庙

2021年，被山西省人民政府公布为第六批省级文物保护单位。

仓头伯王庙，据庙内门枕石捐献题记记载，始建于元至正十五年（1355），现存建筑为元至明遗构。庙坐北朝南，占地面积103平方米，现仅存大殿。

大殿面阔三间，进深四椽，单檐硬山顶，梁架结构为四椽栿通檐用二柱，前檐用大额枋两侧略有生起，四铺作单额下斗栱。当心间设板门，两次间设直棂窗，灰筒板瓦屋面悬山顶，五脊直筒花脊饰。门枕石两块，正面分别雕刻团龙图一幅，形象各异，侧面雕刻题记及捐献者、石匠姓名等。

伯王庙是祭祀伯益的场所，伯益为传说中的史前社会部落首领，是大禹治水的重要助手，大禹曾禅位于伯益。仓头伯王庙是研究汾河流域农业文明的重要实物例证。

位置 临汾市襄汾县南贾镇仓头村

时代 元代至明代

类型 古建筑

仓头伯王庙大殿

敬村观音庙

位置：临汾市襄汾县新城镇敬村

时代：元代至明代

类型：古建筑

2021 年，被山西省人民政府公布为第六批省级文物保护单位。

据大殿内石碣及梁架题记记载，敬村观音庙创建于金天会年间，金皇统二年（1142）、明万历六年（1578）、清康熙五十八年（1719）均有修缮。庙坐北朝南，占地面积 45 平方米，现仅存大殿。

大殿面阔三间，进深四椽，灰筒板瓦单檐悬山顶，梁架结构为四架椽屋通檐用二柱，前、后檐均只置柱头铺作一跳，无补间。当心间中部设板门，次间设直棂窗。殿内存金代、明代重修石碣各 1 方。

敬村观音庙是一座布局规整、造作精良的厅堂式木结构殿宇，是研究当地元代至明代建筑发展的重要实例。

敬村观音庙大殿

西徐三教庙

位置　临汾市襄汾县南辛店乡西徐村

时代　元代至清代

类型　古建筑

2021 年，被山西省人民政府公布为第六批省级文物保护单位。

西徐三教庙创建年代不详，据正殿题记记载，元元统三年（1335）重建，清康熙四十年（1701）、嘉庆十六年（1811）重修。现存正殿、西朵殿为元代遗构，戏台为清代建筑。庙坐北朝南，一进院落布局，占地面积 1432 平方米。中轴线上由南向北依次建有戏台、正殿，两侧为东、西朵殿。

正殿平面结构采用元代常见的移柱造，前设月台，面阔三间，进深四椽，单檐悬山顶，四椽栿前廊式结构通檐用三柱。廊柱上施贯通三间之额枋，额枋上置四铺作单下昂斗栱，出耍头。明间辟板门，次间设直棂窗。西朵殿又称“关公殿”，前设月台，面阔三间，进深四椽，单檐悬山顶，三椽栿前对劄牵通檐用三柱。建筑原为前廊式结构，后人将墙体前移至前檐柱，改制装修。廊柱上施贯通三间之额枋，额枋上置四铺作单下昂，出耍头。

西徐三教庙对研究三教合一信仰的历史和习俗具有一定的历史研究价值。

西徐三教庙鸟瞰

西徐三教庙正殿

广胜寺

位置：临汾市洪洞县广胜寺镇圪垌村

时代：元代至清代

类型：古建筑

1961年，被国务院公布为第一批全国重点文物保护单位。

广胜寺，据清道光七年（1827）《赵城县志》记载，创建于汉建和元年（147），原名“阿育王塔院”，又名“俱卢舍寺”。唐代改称今名，大历四年（769）汾阳王郭子仪奏请重建。宋金之际毁于兵火后重建，元大德七年（1303）地震毁坏，九年（1305）重建，明嘉靖三十四年（1555）、清康熙三十四年（1695）平阳一带大地震，广胜寺建筑均有不同程度损毁，但元代重建后的建筑大部分保存至今，曾局部维修。

广胜寺分上、下两寺和水神庙3处建筑。上寺在霍山山巅，翠柏环抱，古塔耸峙，琉璃构件金碧辉煌。下寺在霍山山麓，随地势起伏而建，高低错落，层叠有致。水神庙与下寺毗邻，墙垣相连。上寺由山门、飞虹塔、弥陀殿、大雄宝殿、毗卢殿、观音殿、地藏殿及厢房、廊庑等组成。下寺由山门、前殿、后大殿、朵殿等建筑组成。现存下寺和水神庙建筑多为元代遗构，上寺中轴线上飞虹塔和大雄宝殿为明代建筑，其余为元代建筑，中轴线两侧廊房为清代建筑。

飞虹塔始建于明正德十年（1515），竣工于嘉靖六年（1527）。俗称“琉璃塔”，位于广胜寺上寺院内前部。八角十三层楼阁式琉璃砖塔，通高47.31米。塔基平面八边形，塔身以砖砌成，用黄、绿、蓝、白、赭五彩琉璃装饰，周设回廊；二层十字歇山式，四面辟拱门，每面正中设天王像1尊；

广胜寺全景

二层以上出檐，三层施平座一周，安琉璃制作勾栏、望柱，平座安放佛、菩萨、天王等塑像。三至十层间各有券拱龛、门洞、方心，内安置佛、菩萨、童子等琉璃塑像。仰覆莲宝珠塔刹。塔内中空，有阶级可攀登至十层，踏步以凿于壁间的孔洞在壁内折上，形制之独特，在国内现存古塔中仅此一例。

弥陀殿为元代遗构，面阔五间，进深六椽，前后辟门，砖砌台基。琉璃屋脊，单檐歇山顶。斗栱为五铺作重栱计心造，当心间施补间斗栱两朵，两次间各一朵，梢间无，山面檐下隔间不设补间铺作。柱网结构采用移柱造，金柱上置平梁，斜爬梁承挑三架梁，内槽斗栱五铺作。殿内设“凹”字形佛坛，现存弥陀、观音、大势至、西方三圣以及倒座弥勒佛等造像。

毗卢殿始建于元代，明弘治十年（1497）重修，位于广胜寺上寺中轴线后部。面阔五间，进深六椽，琉璃剪边庑殿顶。殿内梁架用减柱造，前后内柱上架大内额，上承四椽栿，两山施大爬梁，斗栱五铺作重栱计心造，前檐均为重昂，后檐当心间与次间、补间斗栱为单昂。殿内设佛坛，塑有释迦牟尼、观音、文殊、普贤等 7 尊塑像，佛坛前护法金刚 2 尊，两山墙及后墙置木雕神龛一周。

下寺后大殿为元至大二年（1309）重建，位于广胜寺下寺中轴线后部。砖砌台明，条石包边。面阔七间，进深八椽，琉璃剪边，单檐悬山顶。殿内梁架八架椽屋通檐用四柱，减柱造。柱头斗栱五铺作单杪单昂重栱造。明间、次间辟隔扇门，梢间设直棂窗。殿内佛坛上彩塑 5 尊，均为元代作品。

水神庙明应王殿，元延祐六年（1319）重建，位于水神庙后部。面阔五间，进深五间，砖砌台基，前置月台，四周环廊，重檐歇山顶。殿内梁架八架椽屋前后乳栿对六椽栿用六柱，减柱造。下檐斗栱为四铺作单杪单下昂，当心间施补间斜栱一朵。上檐斗栱为五铺作单杪双下昂，重栱计心造，当心间施补间斗栱两朵，次间施补间斗栱一朵。殿内四壁现存元代戏曲壁画，供水神及其他神像 9 尊。

广胜寺寺内建筑及保存的元明时代壁画、木雕、泥塑及琉璃作品等都具有较高的历史、艺术价值。另外，现存于北京图书馆的金代皇统版的《赵城藏》数千卷原藏广胜寺，对研究中国印刷史具有十分重要的价值。

广胜寺飞虹塔

广胜寺水神庙戏剧壁画

洪洞玉皇庙

位置：临汾市洪洞县辛村乡辛北村

时代：元代、清代

类型：古建筑

2001年，被国务院公布为第五批全国重点文物保护单位。

据新修《洪洞县志》记载，洪洞玉皇庙创建于元太宗己丑年（1229），正殿脊檩题记“时大清光绪丁亥（1887）重修”。2002年至2004年对东西厢房进行了维修，2007年在庙前院南侧重建戏台。原为二进四合院布局，中轴线上现存大门、仪门、正殿（灵霄宝殿），两侧存有东西朵殿、东西厢房，占地面积3559.4平方米。现存正殿、东西朵殿为元代遗构，其余皆为清代建筑。

正殿为砖砌台明，高2.5米，殿前砖石砌月台，殿身面阔三间，进深六椽，悬山顶，琉璃脊饰。梁架四椽栿为稍作砍锛的原材，结构为四椽栿对前乳栿通檐用三柱，檐下柱头斗栱五铺作双下昂，前檐装修已改为现代形式。正殿前月台上存石质八卦罗盘1个。

东朵殿，又称“二郎殿”，1937年进行局部维修，现存主体结构为元代遗构。殿身面阔三间，进深四椽，单檐悬山筒板瓦顶，琉璃脊饰，殿内梁架草栿做法，四架椽屋四椽栿通达前后檐用二柱，前檐柱头斗栱为五铺作单杪单下昂。

西朵殿，又称“关帝殿”，面阔三间，进深四椽，单檐悬山筒板瓦顶，琉璃脊饰，殿内梁架草栿做法，四架椽屋四椽栿通达前后檐用二柱，前檐柱头斗栱五铺作双下昂，补间铺作施用真昂，柱头施有卷杀，梁架结构保存了元代建筑风格。殿内后檐墙及两山墙存道教题材壁画。

洪洞玉皇庙正殿、东西朵殿正立面

洪洞玉皇庙正殿

洪洞玉皇庙西朵殿

洪洞关帝庙

位置 临汾市洪洞县大槐树镇城中心关帝街

时代 元代至清代

类型 古建筑

2013 年，被国务院公布为第七批全国重点文物保护单位。

据清光绪八年（1882）《洪洞县志》记载，关帝庙在恒德坊街北，元大德十年（1306）里人苏汉臣重建。明嘉靖十年（1531）创建关帝楼，清顺治二年（1645 年）增建戏楼，康熙四十九年（1710）扩建，经过明清屡次修葺，始成现在的建筑规模。中轴线上由南向北依次为关帝楼、戏台、献殿、正殿，两侧分别有东、西廊房和钟、鼓楼。现存正殿保留元代遗构，献殿为明代遗构，其余为清代建筑。

关帝楼又名“春秋楼”，为一座四面贯通的过街楼。钟、鼓楼，位于戏台东、西两侧，高约 13 米，十字歇山顶，两层建筑。戏台坐南朝北，面阔三间，进深三间，卷棚式屋顶。献殿面阔三间，进深三间，单檐卷棚式悬山屋顶。正殿面阔五间，进深三间，歇山式琉璃屋顶，四隅双柱上端回收。

洪洞关帝庙是一座保存比较完整的元、明、清古建筑群，具有重要的研究价值。

洪洞关帝庙全景

洪洞关帝庙关帝楼正立面

洪洞关帝庙关帝楼、钟鼓楼及戏台立面

洪洞商山庙

位置 临汾市洪洞县赵城镇孙堡村

时代 明代至清代

类型 古建筑

2013年，被国务院公布为第七批全国重点文物保护单位。

洪洞商山庙，又名“三皇庙”，因正殿内供奉伏羲、神农、轩辕三皇而得名。庙创建年代不详，据脊檩题记及碑文记载，明万历六年（1578），清乾隆二十三年（1758）、道光十八年（1838）均有修葺。庙坐北面南，四合院布局，占地面积2363平方米。现存正殿（三皇殿），东、西朵殿，东、西配殿及东、西厢房。

正殿（三皇殿）为明代建筑，砖砌台明，条石包边，高1.05米，面阔三间，进深四椽，五檩无廊式构架，单檐悬山顶，琉璃瓦剪边。殿内东、西山墙绘三皇五帝人物壁画共约90平方米。

西朵殿，面阔前三间后二间，进深四椽，前檐设廊，单

洪洞商山庙正殿（三皇殿）正立面

洪洞商山庙正殿（三皇殿）内梁架

洪洞商山庙正殿（三皇殿）壁画

檐悬山顶，琉璃瓦剪边。殿内东、西山墙上绘三国人物故事壁画共约 70 平方米。

东朵殿，面阔前三间后二间，进深四椽，前檐设廊，单檐悬山顶，琉璃瓦剪边。殿内神龛上塑有 3 尊泥质塑像，为清代遗物，东、西山墙绘人物壁画残存约 10 平方米。

东、西配殿和东、西厢房均为清代建筑。庙内存清道光十八年（1838）维修记事碑 1 通，东朵殿前墙嵌清代记事碣 1 方。

洪洞商山庙整体保存完整，具有较高的历史价值。

净石宫

位置：临汾市洪洞县堤村乡干河村

时代：明代至民国

类型：古建筑

2013年，被国务院公布为第七批全国重点文物保护单位。

净石宫又称“宫观庙”，创建于明弘治元年（1488），清乾隆二年（1737）、嘉庆七年（1802）及1928年均有修葺。宫院西高东低，南北走向，西院为主院，东院为侧院，均为一进院落，占地面积2300平方米。

净石宫东院狭长，北端设大门，面阔一间，进深两椽，双坡悬山顶。南端有窑洞3孔，旁设门通往西院。西院高出东院1米，正殿建于西院北端，坐北向南，前置月台，面阔三间，进深六椽，悬山筒瓦顶。殿内设木雕重檐悬山顶神龛，上施帐幔，塑人物悬塑，现存17尊。佛坛塑玄帝像1尊，墙壁有清顺治五年（1648）绘制的壁画，天花上有明弘治元年（1488）题记。戏楼坐南向北，楼高两层，面阔三间，进深六椽，悬山琉璃瓦覆顶，下层明间设门通往净石山，上层为戏台，梁架有

净石宫正殿

清乾隆九年（1744）重修题记。

宫院和西配殿内存清代维修记事碑及明万历二十九年（1601）“永镇水利”碑等8通，碣1方，另有民国碑1通。

净石宫格局比较完整，保存了明代以来的古建筑及明代悬塑、清代壁画，具有较高的历史和艺术价值。

净石宫戏楼（山门）

净石宫正殿神龛悬塑

侯村遗址

位置 临汾市洪洞县赵城镇东约3千米

时代 新石器时代

类型 古文化遗址

1986 年，被山西省人民政府公布为第二批省级文物保护单位。

侯村遗址位于汾河东岸的台地上，地势东高西低，呈缓坡状，属于霍山的山前丘陵地带。该遗址于 1984 年发现，总面积 40 万平方米。

1986 年春进行了首次发掘。侯村遗址发现的遗迹主要有陶窑、墓葬、灰坑等，出土遗物有陶器、石器、骨器等。通过对陶片的分期比对，侯村遗存的年代上限不早于公元前 2400 年，下限应不晚于公元前 2000 年。

侯村遗址的发现，是近几年来山西省继陶寺遗址后的又一重要收获。它范围大，文化堆积厚，包含物也很丰富。从采集的器物看，种类虽不多，但文化内涵很值得注意。陶质较硬，陶胎较薄，器形也比较规整。主要为火候较高的泥质灰陶和磨光黑陶，夹砂灰陶也占有一定的比例。纹饰主要是绳纹和篮纹。以鬲、罐、斝、釜为主要炊具，容器则有折肩罐、圈足罐、平底盆、三足瓮、豆等。以平底器和三足器为主，圈足器只有罐和豆。

其文化特征与陶寺遗址为代表的文化最接近。同时晋中地区龙山文化某些陶器也在这里出现。从而说明该遗址融合了晋中地区的一些文化因素，并在晋南与晋中的文化交流中起着桥梁作用，有学者将其称为“陶寺文化侯村类型”。

侯村遗址文化层

侯村遗址出土标本

上村遗址

位置：临汾市洪洞县万安镇

时代：商代至周代

类型：古文化遗址

1986年，被山西省人民政府公布为第二批省级文物保护单位。

上村遗址东西长1000米，南北长800米，面积80万平方米，时代为商周时期。

1984年考古工作者曾对遗址进行了专题调查和试掘，发现的遗迹有灰坑，出土的遗物有铜器和陶器。1986年又在遗址中采集到一些陶器残片。

该遗址最为重要的发现是曾出土中商时期部分铜器，还有一组云形金耳饰，与晋中杏花、晋陕黄河沿岸地区发现的金耳饰类同，区别于中原商文化，展现出与西部黄河两岸地区族群的紧密联系，这一线索成为揭示殷墟一期前后晋中地区古人群对外交流的一个重要方向，即黄河两岸地区。

上村遗址文化层

上村遗址采集标本

坊堆—永凝堡遗址

位置 临汾市洪洞县城东北7.5千米坊堆村、永凝堡村

时代 西周

类型 古文化遗址

1965年，被山西省人民委员会公布为第一批省级文物保护单位。

坊堆—永凝堡遗址的遗址范围，北到北秦村，西到永凝堡，南到南秦新村，东到石桥村。东西长约3000米、南北长约1500米，面积接近500万平方米。

该遗址历经多次发掘，于坊堆村南及永凝堡东堡东南发掘西周时期墓葬40余座，特别是1954年，在坊堆村南150米处进行的一次发掘，出土商晚周初的陶器、玉器、骨器、铜器等，其中最重要的是出土了一块带字的甲骨，甲骨出土于第五号探沟内，原为两块，其中一块残碎严重无法复原，另一块经过修复，残长40.5厘米，宽6.9—20.8厘米，表面经过打磨。卜骨背面靠近臼处有16个紧密排列的钻窝，未钻透，在左面下端靠近边缘也有5个纵排一列的钻窝，钻透卜骨。卜骨正面对应钻窝的位置有兆，在右面距边缘约1厘米处有一行刻辞“□囱□三止又疾贞”。此后又进行了多次考古发掘工作，出土器物有陶器、铜器、玉器、蚌贝器等。陶器有夹砂灰陶、细绳纹鬲，铜器有鼎、簋、戈、铜鱼，玉器有璜、环等。

坊堆甲骨文的出土，是我国第一次发现周初的甲骨文，其意义重大，证明该遗址不仅规模大，在当时还具有较高地位，是一处大型聚落。

此后对两处遗址统称为“坊堆—永凝堡遗址”。

永凝堡遗址出土标本　　坊堆遗址出土标本

师村遗址

位置　临汾市洪洞县曲亭镇、大槐树镇、苏堡镇

时代　西周至汉代

类型　古文化遗址

2004年，被山西省人民政府公布为第四批省级文物保护单位。

师村遗址位于汾河东岸、洪安涧河南岸台地上。遗址以师村为中心，东西长5千米，南北长3千米，总面积为15平方千米，时代从西周延续至汉代。

遗址范围内有西周至汉代的洪洞故城遗址、春秋战国墓地、汉代遗址和汉代墓葬群等。断面暴露的文化层随处可见，特别是在范村杨侯国古城遗址文化层内发现有陶鼎、陶豆、陶盆、陶下水管道等，在西尹壁村古墓区盗洞内出土有陶鼎、陶壶、陶盆及彩绘陶器等。遗址内还曾发现施绿釉陶楼1座、青铜平盖四钮鼎1件、青铜三钮带盖鼎3件。地表遗物也较丰富，采集有东周的泥质灰陶彩绘壶、豆及汉代的空心砖等残片。

师村遗址延续时代长，遗存丰富，保存也较好，是揭示洪洞先秦至汉代历史的一部好教材。

师村遗址出土标本

师村遗址范村古城址南城墙夯土层

上张遗址

2004年，被山西省人民政府公布为第四批省级文物保护单位。

上张遗址分布面积约50万平方米，时代为春秋时期。遗址范围内的断面上分布有古文化层及古墓葬，发现遗物以绳纹灰陶为主，器物有陶豆、陶罐等。古墓葬区出土的器物包括青铜盘、匜、带盖鼎、双耳钵等。遗址地表采集有春秋时期的绳纹筒瓦、空心砖，汉代的子母砖等残片。宏观布局方面，遗址中心部分位于上张村居住区地下。

依据遗址范围调查，地表遗物丰富，堆积较厚，足见这一地区在春秋及汉代人群活动频率和强度比较高，其人口密度可能也较高，是研究这一时期当地社会生活的“化石”标本。

位置 临汾市洪洞县淹底乡上张村北部四周、曲亭河南岸台地上

时代 春秋

类型 古文化遗址

上张遗址采集标本

女娲陵

位置：临汾市洪洞县赵城镇侯村

时代：唐代

类型：古墓葬

2004 年，被山西省人民政府公布为第四批省级文物保护单位。

女娲陵始建时代不详，唐天宝六年（747）重修。宋至清多次修缮。

女娲陵原有东、西两座封土，东侧为正陵，西侧为副陵，后来封土夷平。女娲陵前原建有女娲庙，中轴线上曾建有仪门、午门、宫门、牌楼、女娲宫、祭天台。后庙毁，庙址现存宋开宝六年（973）和元至元十四年（1277）修庙碑 2 通。庙址于 20 世纪 70 年代建为学校，建有教室 6 排。2001 年修建正、副陵封土，立碑 2 通，正陵处为陈香梅题“女娲陵寝”碑，副陵处为冰心题“女娲陵”碑。庙宇现存建筑，均为新建，现在庙宇名为“补天寺”。

女娲陵近景

泰云寺

位置 临汾市洪洞县广胜寺镇石桥村

时代 宋代、金代

类型 古建筑

1996年，被山西省人民政府公布为第三批省级文物保护单位。

泰云寺据碑文记载，始建于唐天宝十年（751）。宋雍熙四年（987）重建，元中统二年（1261）重修。现存正殿为元代建筑，其余为新建。寺坐北朝南，占地面积3547.8平方米。2015年，对泰云寺实施了保护修缮工程；2000年，维修正殿，重建山门、东西配殿、东西厢房。

正殿（大雄宝殿），面阔三间，进深六椽，单檐悬山顶，殿内梁架为六架椽屋四椽伏对前乳栿通檐用三柱，柱头斗栱五铺作单杪单下昂，覆盆柱础，前檐明间辟板门，两次间安直棂窗，殿内四壁绘人物壁画。

寺中存元中统二年（1261）《张宅功德碑》1通、清道光四年（1824）维修碑1通、同治九年（1870）南霍渠碑1通，正殿内东山墙嵌清代维修记事碣2方。

泰云寺的壁画和建筑均具有很高的艺术价值和文物考古价值。

泰云寺大雄宝殿正立面

泰云寺大雄宝殿殿内梁架

马牧华严寺

位置：临汾市洪洞县辛村乡马一村南
时代：元代
类型：古建筑

2004年，被山西省人民政府公布为第四批省级文物保护单位。

马牧华严寺创建于宋建隆三年（962），历代屡有修葺。寺坐北面南，占地面积2574平方米，一进院落布局，中轴线上现存正殿、东西朵殿。正殿保留元代遗构，余为清代建筑。1980年，在庙院东侧建舞台1座；2001年，对正殿、东西朵殿顶部进行了维修，重建山门，修建围墙；2016年，对马牧华严寺实施了全面保护修缮工程。

正殿，砖砌台明，条石包边，高1.45米，殿身面阔五间，单檐悬山顶。梁架用劄牵二椽栿手法，举折平缓，斗栱计心造，硕大雄健，立柱侧脚明显，柱础庞大，素面覆盆式。檐下斗栱五铺作单杪双下昂，分别出跳，将出檐承挑得深远雄壮。

东朵殿两层，下有砖砌窑洞3孔，顶部木结构硬山式建筑，面阔三间。西朵殿为悬山式木构建筑，面阔三间，檐柱施三踩斗栱。

马牧华严寺全景

北马驹三结义庙

临汾市洪洞县龙马乡北马驹村

元代至清代

古建筑

2016年，被山西省人民政府公布为第五批省级文物保护单位。

北马驹三结义庙创建年代不详，庙坐北面南，一进院落布局，中轴线上从北至南依次为正殿、献亭、戏台，两侧有耳房及东、西妆楼，院落东南角建观音堂一座，占地面积1431平方米。现存正殿、献亭为元代遗构，余为清代建筑。

正殿面阔三间，进深四椽，单檐悬山顶，灰陶筒瓦屋面，灰陶脊饰。梁架结构为四架椽屋乳栿对三椽栿用三柱，仅设柱头铺作，形制为四铺作外插昂，前檐设通长大额枋。殿内供奉有刘备、关羽、张飞塑像。殿内存明代天启元年（1621）“牙行”碑1通。

献亭平面呈方形，单檐十字歇山顶，通高约6米，柱间距3米。砖砌基座，四周石条铺镶，前置半圆形砖砌踏道。柱头施四铺作斗栱，设补间斗栱二朵，逐层叠架。挑檐短粗敦实，北方木构亭榭的特点十分明显。斗栱、枋、梁均施有彩绘，残存部分色彩依然如新。现存献亭，建造年代较早，类型独特，是研究元代亭式建筑的珍贵实例，具有较高的艺术、科学价值。

戏台坐南向北，始建年代不详，清康熙三十五年（1696）重修，现存为清道光二十五年（1845）重修后遗构。面阔三间，进深三间，单檐悬山顶，筒瓦屋面，灰陶脊饰。戏台左右有对称的“八”字形砖砌影壁。

北马驹三结义庙献亭、正殿正立面

北马驹三结义庙献亭、正殿侧立面

北铁沟三结义庙

临汾市洪洞县苏堡镇北铁沟村

元代至清代

古建筑

2021 年，被山西省人民政府公布为第六批省级文物保护单位。

北铁沟三结义庙创建于元延祐元年（1314），明、清均有重修。庙坐北面南，二进院落布局，占地面积 649 平方米。中轴线上由南向北依次建有过殿、正殿，两侧为东耳殿、东配殿、西厢房。现存正殿为元代遗构，过殿为明代遗构，其余为清代建筑。

正殿台基高 0.4 米，面阔三间，进深四椽，单檐悬山顶，梁架结构为四椽栿通檐用二柱。柱头四铺作单下昂，昂形耍头。门窗为后人改制。

过殿面阔三间，进深五椽，单檐悬山顶，殿内梁架为五架梁前单步梁。木雕雀替，额枋施彩绘。

寺内过殿前墙嵌清同治八年（1869）《义妇王贺氏重修废井并建优伶寓所记》碑 1 通，正殿前存清咸丰九年（1859）记事碑 1 通、光绪十四年（1888）《重修三义庙》碣 1 方。三结义庙于 20 世纪 70—90 年代用作学校。

北铁沟三结义庙现存建筑反映了元、明、清不同时代典型传统建筑的历史变迁。正殿建筑结构仍保持着元代典雅、古朴的建筑风格，为元代建筑实例，具有一定的研究价值。

北铁沟三结义庙正殿梁架

北铁沟三结义庙正殿

韩侯东岳庙

位置：临汾市洪洞县万安镇韩侯村

时代：元代至明代

类型：古建筑

2021 年，被山西省人民政府公布为第六批省级文物保护单位。

韩侯东岳庙创建年代不详，庙坐西面东，一进院布局，占地面积 1224 平方米。现仅存正殿，据形制分析主体构架为明代风格，局部保留元代建筑手法。2007 年在正殿前重修献厅，并建山门、围墙、戏台等。

正殿面阔三间，进深六椽，悬山顶，梁架结构为七檩前檐廊构架，五架梁背部设角背承托节点斗栱，支撑三架梁，三架梁中部设角背、脊瓜柱与两侧叉手共同托捧脊檩，前、后檐上金檩部位设襻间枋。柱头斗栱为五踩单昂，平身科一攒。明间辟隔扇门，次间设直棂窗。

殿内南、北山墙及后墙保存有壁画 85 平方米。8 尊塑像为新塑，正殿门前存石雕门墩 1 对，雕青龙、白虎。

韩侯东岳庙现存正殿用材考究，做工精致，殿内壁画精美，具有较高的历史、艺术价值。

韩侯东岳庙大殿

韩侯东岳庙大殿梁架

王绪东岳庙

位置 临汾市洪洞县万安镇王绪村

时代 元代至明代

类型 古建筑

2021年，被山西省人民政府公布为第六批省级文物保护单位。

王绪东岳庙正殿门枕石题记“□元八年”，由此推断庙至迟在元至元八年（1271）已有之。据现存建筑形制判断，正殿应为元代建筑，明代予以修缮。庙坐西朝东，一进院布局，占地面积594平方米。中轴线上现存正殿，其余建筑不存。

正殿砖砌台明，面阔三间，进深四椽，单檐悬山顶，筒板瓦屋面，琉璃脊饰。梁架结构为四椽栿通檐用二柱。脊槫下设蜀柱、叉手、捧节令栱、丁华抹颏栱。前檐斗栱为四铺作单昂，补间每间一朵，施用真昂。前檐当心间辟板门，两次间为后人改建圆窗。

王绪东岳庙大殿正立面

王绪东岳庙大殿梁架结构

师庄东岳庙

位置 临汾市洪洞县堤村乡师庄村

时代 元代至清代

类型 古建筑

2021 年，被山西省人民政府公布为第六批省级文物保护单位。

师庄东岳庙创建年代不详，据庙内碑文记载，清乾隆元年（1736）、嘉庆十七年（1812）均有修葺。庙坐东朝西，一进院落布局，占地面积 1896 平方米。中轴线上现存戏台，北侧存龙王殿、水仙圣母殿。龙王殿、水仙圣母殿保留元代风格，戏台为明代遗构。2009 年对现存建筑进行了维修，并重修了山门。

龙王殿砖砌台明，高 1.2 米，殿身面阔三间，进深四椽，单檐悬山顶。两山梁架结构为平梁接前后劄牵通檐用两柱。当心间中部设梁架一缝，前后平槫共承平梁，平梁两端不设立柱。前檐柱采用移柱造，柱上大额枋，上置四铺作斗栱。后檐中部设补间铺作一朵。

水仙圣母殿面阔三间，进深四椽，单檐悬山顶。庙内存清代维修记事碑 3 通、碣 1 方、石醮盆 2 个。

师庄东岳庙龙王殿、水仙圣母殿正立面

师庄东岳庙戏台正立面

早觉二郎庙

位置 临汾市洪洞县广胜寺镇早觉村

时代 元代、清代

类型 古建筑

2021年，被山西省人民政府公布为第六批省级文物保护单位。

早觉二郎庙创建年代不详，据正殿脊檩题记及碑记记载，清康熙七年（1668）、乾隆四十七年（1782）均有修葺。庙坐北朝南，一进院落布局，占地面积801平方米。中轴线上现存正殿，两侧存东西配殿、西厢房，山门建在院西南方向，门额题“众灵垂应”。正殿主体结构保留元代风格，余为清代建筑。2006年对正殿顶部进行了维修，并重建戏台。

正殿砖砌台明，高1米，面阔五间，进深六椽，单檐悬山顶。梁架结构为四椽栿前后压乳栿通檐用三柱。廊柱上施贯通五间之额枋，额枋上置五铺作双下昂，乳栿作耍头。明间辟板门，次间设直棂窗。

正殿前存清代维修记事碑、清水渠碑各1通。

旱觉二郎庙正殿正立面

旱觉二郎庙正殿梁架

碧霞圣母宫

位置 临汾市洪洞县广胜寺镇坊堆村

时代 明代

类型 古建筑

1996年，被山西省人民政府公布为第三批省级文物保护单位。

碧霞圣母宫创建年代不详，据圣母殿脊檩题记，明嘉靖二十年（1541）重修。另据碑文记载，清光绪二十一年（1895）曾修葺。2004年对圣母殿进行了落架维修。碧霞圣母宫坐北朝南，占地面积4940平方米，二进院落布局，中轴线上现存仪门、圣母殿，两侧存东厢房，均为明代遗构。

圣母殿砖砌台明，条石包边，面阔三间，进深六椽，庑殿顶，殿顶饰琉璃脊兽、瓦件。梁架结构为七檩无廊式，柱头斗栱三踩单昂，平身科一攒。明间顶部中央及两侧分别悬挂明嘉靖二十四年（1545）"三天慈悲母，渡脱终生愿"、万历十七年（1589）"天仙碧霞圣母神宫"、崇祯十一年（1638）"碧霞圣母"木匾各1方；殿内东、西两山墙及后墙均有木雕悬塑神龛，9尊塑像中两尊侍者像为明代作品，其余7尊像身为原塑，头部为新塑。殿内泥塑分立、平、悬3种，碧霞圣母、卫士等塑像为立塑，周边后宫组像为平塑，分布在大殿上方凸出部分的《泰山仙境图》则为悬塑。

圣母殿前存清代维修记事碑2通。圣母宫的木雕、悬塑、琉璃装饰精致绝妙，具有很高的历史和艺术价值。

碧霞圣母宫正殿

碧霞圣母宫正殿悬塑局部

明代监狱

位置 临汾市洪洞县城古槐南路县政府大楼西侧

时代 明代

类型 古建筑

1965年，被山西省人民委员会公布为第一批省级文物保护单位。

明代监狱原为洪洞县衙组成部分，俗称“苏三监狱”，相传明代京城名妓苏三曾被监禁于此。据《洪洞县志》记载，该监狱创建于明洪武二年（1369），清康熙三十四年（1695）地震坍塌后重建，“文革”时期又被毁，1984年修复。整体院落坐东朝西，占地面积660平方米。

监狱大门门楣书“明代监狱”。监狱位于院南，双门双墙，围墙高筑，两侧有普通牢房两排共10间，东侧小院为死囚牢，东、西、北各1栋，普通牢房与死囚牢之间设虎门牢（狴犴牢），虎门牢南侧为禁房，禁房西侧墙壁嵌一微型狱神庙，下有一死囚洞。死囚牢院内有囚犯使用的水井1眼，洗衣槽1个。

该建筑原为明清洪洞县衙附属建筑，因传著名戏曲名作《玉堂春》故事在此发生而闻名于世，每年都有数以万计的海内外游客前来参观游览。1992年，在东厢房展览室开辟了蜡像馆，正面塑5组蜡像，介绍了苏三识王、入狱、押解、平反、重逢的全部故事情节。

明代监狱大门

明代监狱死囚院

伏珠弥勒寺

位置　临汾市洪洞县刘家垣镇伏珠村

时代　明代至清代

类型　古建筑

2021年，被山西省人民政府公布为第六批省级文物保护单位。

伏珠弥勒寺据碑文记载，始建于唐，后屡废屡兴，正殿殿内脊檩上有“清乾隆二年（1737）重修”题记。寺坐北朝南，一进院布局，占地面积2700平方米。中轴线上建有山门、正殿，两侧建有东西耳殿（砖窑各1孔）、东西厢房（砖窑各5孔）。西跨院保存有梵王殿及东、西耳殿（砖窑各1孔）。现存正殿为明代遗构，余皆为清代建筑。

正殿砖砌台明，高0.5米，面阔五间，进深六椽，单檐悬山顶，筒板瓦屋面。梁架结构为五架梁前后单步梁通檐用四柱。檐下斗栱五踩双昂，出耍头。次间、梢间平身科斗栱一斗二升交麻叶。

寺内现存碑8通，碣2方，石经幢1尊。

该建筑是洪洞县境内保存较好的明清时代古建筑之一，是研究明、清寺庙建筑的重要实例。每年农历四月、九月在此举办的传统庙会是临汾地区佛寺庙会中的典型代表，是周边群众文化活动与情感交流的重要平台。

伏珠弥勒寺山门正立面

伏珠弥勒寺正殿梁架结构

谁园藏书楼（张瑞玑旧居）

位置：临汾市洪洞县赵城镇西街村原赵城镇政府院

时代：民国

类型：古建筑

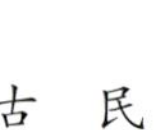

2021 年，被山西省人民政府公布为第六批省级文物保护单位。

谁园藏书楼（张瑞玑旧居）创建于 1913 年，为张瑞玑旧居内建筑。张瑞玑（1872—1928），字衡玉，山西赵城人，号谁园主人，是近代山西著名的民主革命家、爱国诗人、书画家、藏书家。

院落坐北朝南，占地面积 3134 平方米。分南、北两院。南院现存大门、绣楼、东西厢房和迎辉轩，北院现存大门、正房、南房、东西厢房和东西看楼。

北院正房即谁园藏书楼，上、下两层均为 5 孔砖窑，单檐庑殿顶，前檐设木栏，圆拱形门窗，檐部装饰采用西方建筑风格。北院南房和东、西厢房均为面阔三间，进深四椽，单檐硬山顶。南院绣楼面阔三间，进深四椽，单檐歇山顶，砖木结构二层楼阁式建筑。南院东、西厢房均为面阔三间，进深二椽，单坡硬山顶。

谁园藏书楼（张瑞玑旧居）是典型的中西合璧式建筑，其藏书曾多达十余万卷，中华人民共和国成立初期全部捐献给山西省图书博物馆。

谁园藏书楼（张瑞玑旧居）北院正房正立面

谁园藏书楼（张瑞玑旧居）绣楼

明代移民遗址

位置　临汾市洪洞县大槐树镇贾村

时代　明代

类型　其他

1996 年，被山西省人民政府公布为第三批省级文物保护单位。

据 1914 年“古大槐树处”碑记载：“明太祖洪武间，屡徒山西民于和、滁、北平、山东、河南等处，成祖永乐元年，徒山西民万户实北平……”碑文还记载了 1914 年洪洞人景大启、刘子林等募款筹建的细节。该遗址是关于明洪武、永乐年间大规模、长时间移民历史的一组纪念性建筑。遗址坐北朝南，占地面积 5568 平方米，中轴线上从南向北依次为牌坊、碑亭、祭祖堂，碑亭前西侧有茶室，东边有二代、三代古槐。

牌坊四柱三门式，正面横额镌刻“誉延嘉树”，背面横额镌刻“荫庇群生”，两侧刻诗 4 首，记述迁民往事。牌坊前存石狮 1 对。碑亭位于原古汉槐处，亭下存石碑 2 通、碣 3 方，茶室内存碣 2 方。

从 1991 年起，每年清明节期间都在这里举行寻根祭祖活动，届时许多来自海内外的大槐树移民后裔争相前来寻根祭祖。

明代移民遗址民国牌坊

明代移民遗址民国古大槐树处碑亭、茶室

柿子滩遗址

位置 临汾市吉县东城乡真村西村自然村南

时代 旧石器时代

类型 古文化遗址

2001 年，被国务院公布为第五批全国重点文物保护单位。

柿子滩遗址，遗址点集中分布在以柿子滩、高楼河沟口和狮子河村为中心的 3 个区域，做了重点发掘并公布材料的地点包括 S1、S14、S9、S5、S29 和 S12 地点群。

柿子滩遗址的主体年代为旧石器时代晚期，其核心区位于清水河两岸的二级阶地上，共计发现 10 余处旧石器地点。

遗址出土有石制品、动物化石、石磨盘、装饰品以及岩画等。石制品有细石器和石片石器两类，动物化石有田鼠、鼢鼠、黑鼠、虎、鹿等。石磨盘出土 4 件，装饰品 4 件，均为蚌壳穿孔制作。在 S1 地点西北侧石崖南端“岩棚”下，还发现两幅岩画。

柿子滩遗址是中国目前距今 1—2 万年间现存面积最大、遗物类型最多的原地埋藏遗址，并且拥有目前中国旧石器时代唯一的岩画，其石制品组合特征代表了旧石器时代晚期末广泛分布于黄土高原和黄河中游一种独特的区域文化，被部分学者称为“柿子滩文化”。遗址堆积厚、遗存丰富，是探索山西乃至整个华北地区旧石器时代晚期向新石器时代早期过渡的重要窗口。

柿子滩遗址环境地貌

柿子滩遗址 S29 地点发现的石磨盘

柿子滩遗址出土的犀牛头骨化石

挂甲山摩崖造像

位置：临汾市吉县吉昌镇桥南村

时代：北朝至明代

类型：石窟寺及石刻

2019年，被国务院公布为第八批全国重点文物保护单位。

挂甲山摩崖造像始凿于隋开皇二年（582），唐、宋、金时期多有补刻，现存的题刻也多为唐、宋、金时期。造像凿刻于坐南朝北的山崖下端，由西至东共有造像5个区，每区2—3龛，多为火焰式或尖拱形。雕饰手法基本采用剔地突起与线雕相结合，与其他石窟中圆雕相比，别具一格。1、2、3组龛内佛像多为一佛二弟子或一佛二菩萨。2组的思惟菩萨像和3组龛内的二菩萨，从雕凿手法和表现艺术形式来看，都别具特色。第8组为线刻人物、飞鸟，雕刻粗糙，人物形象较抽象。

挂甲山摩崖造像是研究我国各时期佛教文化与传播以及雕凿艺术的宝贵资料。

挂甲山摩崖造像局部

挂甲山摩崖造像

挂甲山摩崖造像崖画

义尖—安坪遗址

位置 临汾市吉县中垜乡

时代 新石器时代、西周

类型 古文化遗址

1996年，被山西省人民政府公布为第三批省级文物保护单位。

义尖—安坪遗址，包括义尖和安坪两个自然村范围。遗址地处吕梁山南段西侧，东眺望吕梁山主峰，西距黄河不远，小环境属于西注黄河的鄂河小支流柳沟河岸，地貌属黄土高原特有的川原峁梁地带，时代跨越龙山晚期及西周时期。

该遗址龙山晚期是一处小型聚落遗址，义尖村西、村东沟畔有陶窑、灰坑、窑洞等，村西至村北为墓地。调查时发现器物有双耳陶罐、陶斝、陶盆等，墓地曾出土玉璧、陶盆等物。

遗址西周时期的墓地，曾出土青铜甗等青铜器，现存台北故宫博物院，为周叔硕和周叔姞时期的器物，显示了该遗址在西周时期的重要地位。

义尖—安坪遗址龙山晚期玉器的发现及西周青铜器的出土，证实该地区规格不低，是柳沟河岸先秦时期的一处重要聚落。

义尖—安坪遗址遗址区采集标本

狄城遗址

1996年，被山西省人民政府公布为第三批省级文物保护单位。

狄城遗址位于山西省临汾市吉县王家垣乡同乐村西，南北临沟，西俯黄河，东接土垣的独立台地。

遗址总面积约26400平方米，主体遗存分为仰韶中期和东周两个时期。在遗址范围内发现了有7000平方米的夯土建筑基址。地表采集丰富，仰韶中期的遗物包括泥质红陶盆、重唇尖底瓶、钵等，还有东周时期灰豆、碗、罐等陶器残片。

位置 临汾市吉县王家垣乡同乐村

时代 东周

类型 古文化遗址

狄城遗址城址区文化层

大墓塬墓地

位置：临汾市吉县城西偏北上东村与淇北沟之间

时代：西周至唐代

类型：古墓葬

1996年，被山西省人民政府公布为第三批省级文物保护单位。

大墓塬墓地主体年代为西周，面积约50万平方米。遗址地表暴露有大量西周的土坑竖穴墓及木炭灰、人骨等，墓向均为东西向，采集有泥质灰陶和夹砂灰陶片，其纹饰有绳纹，器形有鬲、盆和豆等，曾出土过铜鼎、簋及玉璜、璧等。另外还暴露出少量唐代土洞墓，带斜坡墓道，出土有陶罐、盆及开元通宝铜钱等。

墓地发现于1982年，曾有青铜簋、鼎等器物出土，为西周典型器物。墓地北部上东村曾发现商代青铜器及小墓1座，出土器物有青铜斧、钺、兽头带环饰勺和铃首刀，为鄂尔多斯风格。这一地区带有鄂尔多斯风格的出土器物，对展现当时地区之间的文化交流有重要意义。

大墓塬墓地采集标本

坤柔圣母庙

位置 临汾市吉县吉昌镇桥南村挂甲山顶

时代 隋代、唐代、元代

类型 古建筑

1986年，被山西省人民政府公布为第二批省级文物保护单位。

坤柔圣母庙始建于宋天圣元年（1023），元延祐七年（1320）重修，明隆庆四年（1570）局部重建。庙坐北朝南，占地面积3616平方米。现仅存圣母殿，为元代遗构。

圣母殿坐落于1米高的台基上，前出月台，面阔三间，进深三间，单檐歇山顶。明间设板门两扇，两次间各设直棂窗，柱头承普拍枋，斗栱五铺作。殿内梁架彻上露明造，采用减柱、移柱造的建筑风格，柱头施大雀替、额枋两层，形成“井”字形梁架。下层设抹角梁，上层施阑额和普拍枋，前、后檐及两山由丁栿承托荷载，中心由斗栱挑承垂莲柱，结成疏朗的藻井。整体建筑结构奇巧，用材雄浑考究，具有元代典型的建筑风格。

1999年重建钟楼、鼓楼，均为重檐十字歇山顶，钟楼内悬挂金代铸铁钟1口。

坤柔圣母庙全景

坤柔圣母庙圣母殿正立面

郎寨砖塔

位置 临汾市安泽县马壁镇郎寨村
时代 唐代
类型 古建筑

2013年，被国务院公布为第七批全国重点文物保护单位。

郎寨砖塔未见明确纪年，但塔上所嵌功德碑碣中，有弘农郡、陇西郡等唐代中期以后废止的地名，地宫也出土有8枚唐代开元通宝钱。此外，从塔身外观形制古朴及使用绳纹砖砌筑等综合因素分析，此塔建造年代应为唐代。

郎寨砖塔为八角九级密檐式实心砖塔，现残存八层，高12.07米。基座平面呈八角形，各层塔壁呈内凹弧面。底层塔身饰以简洁的仿木结构装饰，转角处设壁柱，柱间连以阑额，柱头铺作一斗三升，补间驼峰承单斗。塔身底层正南设券洞门，东、西、北三面设有相掩的砖雕板门，其中西侧板门已毁，嵌以清嘉庆重修碑碣，塔身其余四面设砖雕破子棂窗。第一层塔檐由数层叠涩和两层砖雕仰莲组成，二至八层塔檐均叠涩出檐，其中，七、八层仅剩西北、正西两面，九层及塔刹已毁。另外从塔身镶嵌清嘉庆八年（1803）碑碣记载得知，塔周围曾建戏台、楼棚等建筑，今已不存。

郎寨砖塔造型独特，是研究中国古代佛塔发展与演变的重要实例。

郎寨砖塔

麻衣寺砖塔

位置 临汾市安泽县和川镇岭南村

时代 金代

类型 古建筑

2013年，被国务院公布为第七批全国重点文物保护单位。

麻衣寺砖塔为八角九层密檐式砖塔，创建年代不详，其塔身四周共镶嵌12块经文碑碣，落款为“大定十七年六月维那史德妻李氏……”根据现存碑碣记载和对砖塔形制分析判断，塔应为金代修建。

此塔第一层很高，并逐层向内收分。在一层塔身的正南辟券门，内设通高七层的塔心室。各面镶嵌砖雕佛像3行，每面17尊，共计136尊，其中残缺36尊。第一层塔檐下用砖雕做仿木构斗栱，第二至九层均叠涩出檐，其塔身除第四层外，逐层错落镶嵌砖雕佛像。砖塔下设地宫。

麻衣寺砖塔外观收分明显，造型优美，塔身保存了大量完整的金代砖雕佛像，是安泽县目前保存最完整、最具特色的佛教古建筑。

麻衣寺砖塔全景

海东摩崖造像

 临汾市安泽县马壁镇马壁村海东组

 北齐

 石窟寺及石刻

2021 年，被山西省人民政府公布为第六批省级文物保护单位。

海东摩崖造像，坐东向西，整体形状呈不规整的长方形，由北、中、南三部分组成。

北部一组长 1.26 米，高约 1 米，有造像 37 尊，其中最高的佛像约 7 厘米，分四行排列，主造像为 佛二菩萨，主像周围雕有 3 行整齐排列的小型坐佛以及 1 尊体型较大的力士；南部的一组长约 4.2 米，高约 1 米，主造像为 3 座庑殿顶形制的佛龛，龛内各雕有佛像 1 尊，龛外四周也有散刻佛造像，其下有数人骑马行进，为线刻。左侧佛龛像高位刻有“北齐国主”“平六年……”等题记。

海东摩崖造像是现存北齐摩崖造像中有明确纪年的、立面面积较大的摩崖造像之一。最为难得的是，其石刻上有 3 座庑殿顶形制的建筑图案，为研究北齐建筑、充实我国古代建筑史研究提供了实物依据。

海东摩崖造像全景

海东摩崖造像局部

上寨摩崖造像

位置　临汾市安泽县良马镇上寨村西1千米泗河西岸老庙上岭山腰处

时代　北齐

类型　石窟寺及石刻

2021年，被山西省人民政府公布为第六批省级文物保护单位。

据现存题记记载，上寨摩崖造像为“大齐河清二年（563）”雕凿，由两块南北相接的自然砂石组成，南侧摩崖造像内容丰富，有佛、菩萨、人物、狮兽、马匹等造像及供养人姓名约数百字，其右侧留有“大齐河清二年（563）六月癸巳朔八日”；北侧摩崖造像石刻风化严重，仅残留题记“天保二年（551）……”“……元年”和一疑似跪拜人形。

南侧摩崖造像上部采用高浮雕手法雕刻，为左、右两龛并列布局，均为南北朝时期流行的一佛四菩萨造型，右龛两侧各设站立菩萨1尊。左龛内佛结跏趺坐，菩萨为站立状，佛、菩萨均设背光；两佛龛下，左、右均设向外的蹲狮；上部共雕刻佛2尊、菩萨6尊、狮4只、人物1个；下部为4幅人物场景画，画面共有人物31人，马10匹，31人中仅左下场景的5人为传统中原服式，宽袖、圆领，足穿鞋，其余26人物均为翻领、窄袖、足蹬短靴，应为少数民族服饰。

上寨摩崖造像中的骏马图案，在艺术手法上更接近于现实主义的写实手法，如雕刻有络头、缰绳、鞍鞯，头、胸、臀的饰缘，但无马镫，给我们提供了研究南北朝时期马饰、马具的实物资料。上寨摩崖造像造型设计和雕刻手法在汉代雕刻艺术传统的基础上由粗简向精湛发展，超脱出了汉代石雕古朴粗略

上寨摩崖造像全景

上寨摩崖造像局部

的技法，是艺术构思和雕刻技巧都更加成熟的表现，对研究中国美术史、佛教史、古代服饰史均有较高的价值。

老君洞

临汾市浮山县张庄乡梁村

唐代至明代

古建筑

2006年，被国务院公布为第六批全国重点文物保护单位。

据民国《浮山县志》记载，老君洞创建于唐武德二年（619），明嘉靖四十三年（1564）重修。

老君洞为纯石仿木结构建筑，原名“混元石梁殿”，坐北朝南，面阔三间，进深二间，单檐卷棚歇山顶，檐下一周石雕斗栱36朵。当心间设砖石门洞，门洞之内为砖券横窑，次间设窗。

前檐外墙壁上嵌有《太上感应篇》《混元上德皇帝御赞》《宋仁宗御赞》《邵子云》石碣。门洞东、西两壁上嵌明嘉靖四十三年（1564）线刻《老子八十一显化图》石碣，线刻石雕组画81块，为我国线刻艺术之珍品。殿内神台上雕有李老君石像，四壁有明代复制元代壁画《黄箓朝圣图》，绘有115组神话人物。院内现存《重建混元石梁殿记》碑1通。

老君洞的混元石梁殿建筑奇特，艺术精湛，殿内四壁壁画线条流畅，主题突出，造型生动，手法浪漫夸张，透视合理匀称，属明代佳作，是研究我国道教文化、老子哲学思想及古代美术雕刻艺术极其珍贵的资料。

老君洞全景

老君洞混元石梁殿

老君洞石雕斗栱

桥北遗址

位置：临汾市浮山县北王乡桥北村西南300米南圪塔地

时代：新石器时代、商代、周代

类型：古文化遗址

2004年，被山西省人民政府公布为第四批省级文物保护单位。

桥北遗址，南北长720米，东西宽1550米，呈不规则形状，分布面积约40万平方米，包括新石器时代、商、周等阶段文化遗存。

遗址范围内文化层距地表1米，厚度1—1.5米。地面上采集有仰韶晚期泥质红陶篮纹尖底瓶、泥质红陶罐；周代夹砂灰陶绳纹鬲、夹砂红陶绳纹罐、泥质灰陶绳纹盆、泥质灰陶麻点纹板瓦、泥质灰陶绳纹罐、泥质黑陶瓶等残片。

桥北遗址中还发现有商、周墓地。2003年山西省考古研究所等单位发掘了墓葬28座、灰坑5处，此外还追缴部分晚商时期文物，其中有带“先”字铭文的商代铜器就是出自这个墓地。该墓地发现晚商大型墓葬5座、中型墓葬10座、小型墓葬13座。大型墓均由墓室、墓道组成，南北向，除一座为“甲”字形外，其余均为长方形。其中M1、M18规模最大，墓道中有随葬的殉人及车马。14座大中型墓的年代上限是商代晚期，下限不晚于西周中期。墓主人应当是商王朝管辖下的方国首领。

桥北遗址历史跨越多个时期，同时还发现了商至春秋时期的墓葬，是一处内涵丰富的先秦遗址。特别是桥北遗址发现的晚商时期“先”族族徽，被认为是晚期商王朝控制晋南的重要据点。

桥北遗址全景

桥北遗址保护标志碑

文庙大成殿

位置：临汾市浮山县城内文昌街东

时代：元代

类型：古建筑

1996年，被山西省人民政府公布为第三批省级文物保护单位。

据1989年《浮山文庙大成殿搬迁复修碑》记载“原文庙始创于元至元二年（1265），大德七年（1303）间修缮，明正统、成化、嘉靖、万历年间相继增修，清顺治四年（1647）、康熙五十五年（1716）、雍正六年（1728）、同治十一年（1873）多次修葺扩建。中轴线原建有棂星门、泮池、戟门、大成殿、明伦堂……当时规模，维今可比。新复文庙仅大成殿……”现存大成殿为1989年迁建的元代遗构。

大成殿，坐北朝南，面阔五间，进深六椽，单檐歇山顶，殿顶施琉璃脊饰，石砌台基。梁架为四椽栿对前后劄牵用四柱。檐下柱头铺作十六朵，五铺作出双昂，当心间、次间各置

文庙大成殿梁架

文庙大成殿全景

文庙大成殿

4 扇隔扇门，两梢间筑以墙壁。殿前当心间悬挂“大成殿”木制匾额，殿内塑有孔子坐像，为 1990 年新塑。

现在的山门、碑廊、围墙为迁建时新建，东围墙嵌有石碣 13 方，记载了孔子的弟子颜回、曾参等 72 人于明嘉靖年间改称先贤的经过。院内竖立 1989 年的重修碑 1 通。

文庙大成殿为元代风格典型建筑，特征突出，为元代建筑的研究提供了依据。

清微观

位置 临汾市浮山县城关镇诸葛村

时代 元代至清代

类型 古建筑

1996年，被山西省人民政府公布为第三批省级文物保护单位。

清微观创建年代不详，据《重建清微观记》碑文记载，元延祐七年（1320）重建；据《创建山门记重修清微观老君殿碑记》记载，明万历五年（1577）、明万历六年（1578）重修；据三官殿脊板题记记载，清乾隆十七年（1752）重建三官殿。清微观坐北朝南，中轴线上由南向北为山门兼戏台、老君殿，老君殿为元代建筑，三官殿为清代建筑。

老君殿，砖石台基，面阔五间，进深八椽，重檐歇山顶，顶部施灰筒板瓦，四面围廊，四周有20根排列整齐的廊柱。殿内梁架为六椽栿对前后劄牵用四柱，上檐斗栱十六朵，为五铺作出双昂，下檐斗栱二十朵，为四铺作出单杪，转角铺作45°出斜昂，檐下四周围廊。三官殿，砖石台基，面阔三间，进深四椽，单檐硬山顶，四檩前檐廊。

清微观老君殿为元代建筑，该殿采用重檐歇山顶，体量较大，是元代建筑的精品之作，同时丰富了现存元代建筑的结构形式。

清微观老君殿

清微观三官殿

清微观院落全景

热留关帝庙

位置　临汾市古县古阳镇热留村

时代　明代至清代

类型　古建筑

2019年，被国务院公布为第八批全国重点文物保护单位。

热留关帝庙，据庙内现存碑文及献殿脊檩题记记载，创建于元代，明正德十六年（1521），清嘉庆十九年（1814）、道光十九年（1839）重修。庙坐北朝南，中轴线布局，由南向北依次有山门、戏台、东西配殿、献殿、正殿。

正殿为明代建筑，面阔五间，进深三间，重檐歇山顶。

戏台建于高约1.5米的石砌台基之上，面阔二间，进深四椽，单檐灰筒板瓦硬山顶，五架梁结构。东、西配殿均面阔五间，进深五椽，单檐灰筒板瓦硬山顶，五架梁结构方形琉璃方胜。献殿重修于清嘉庆十九年（1814），面阔三间，进深四椽，单檐灰筒板瓦卷棚硬山顶，方形琉璃方胜。

庙内现存明代重修碣2方，清代重修碑1通、碣2方、“舍地豁粮”碣1方。

热留关帝庙保存较为完整，整体结构严谨，技术精湛，气势宏伟，有浓郁的明清时期建筑风格和特点，具有较高的文物研究价值。

热留关帝庙

热留关帝庙献殿

热留关帝庙正殿梁架

芝麻滩遗址

位置　临汾市大宁县太古镇大坡村西北

时代　旧石器时代

类型　古文化遗址

1996 年，被山西省人民政府公布为第三批省级文物保护单位。

芝麻滩遗址分布面积约 10 万平方米，主体为旧石器时代晚期遗存，埋藏距地表深度 0.3—10 米，位于昕水河二级阶地的底部，地层剖面自上而下为三叠系砂岩基座、砾石层 、砂层夹小砾石。

该遗址暴露的主要遗物以粗壮石器和细小石器为代表，前者采自砾石层，后者采自阶地顶面。历次调查采集标本有石核、石片、刮削器、砍斫器等 11 件。

芝麻滩遗址对于研究当时社会的发展和演变具有重要的参考价值。遗址中出土的遗物和遗迹，为了解吕梁山南段人类先民的生活及技术水平提供重要线索。

芝麻滩遗址采集标本

翠微山遗址

位置　临汾市大宁县昕水镇南关村西南200米

时代　新石器时代

类型　古文化遗址

1996年，被山西省人民政府公布为第三批省级文物保护单位。

翠微山遗址，遗址主体年代是仰韶晚期与龙山时期。该遗址文化层距地表约4米，厚度2米，暴露遗迹主要是灰坑、黄土断层。主要遗物有绳纹灰陶、泥质红陶、夹砂陶片。采集仰韶晚期遗物有彩陶钵、尖底瓶、陶环，还有部分泥质红陶；龙山时期遗物有泥质绳纹灰陶、磨光黑陶片。

翠微山遗址采集陶片

乡宁寿圣寺

位置 临汾市乡宁县昌宁镇东街小学院内

时代 金代至明代

类型 古建筑

2006年，被国务院公布为第六批全国重点文物保护单位。

乡宁寿圣寺据民国《乡宁县志》记载，创建于宋皇祐元年（1049），明正统三年（1438）、成化二十年（1484）、弘治九年（1496）屡有重修。寺庙坐北朝南，原格局不明，寺内仅存正殿、东偏房、钟楼。

现存正殿创建年代不详，正殿面阔三间，进深两椽，单檐歇山顶，筒板瓦屋面。内部梁架为四椽栿通檐用两柱，外檐柱头及补间设四铺作单昂斗栱，其柱、斗栱、梁栿等建筑风格具有早期建筑特征。殿内新塑"横三世佛"：释迦牟尼佛、药师佛、无量寿佛，前塑观世音、文殊、普贤、地藏四菩萨像。

钟楼重建于明成化十六年（1480），平面呈方形，面阔三间、进深两椽，重檐歇山顶。楼内4根通柱直达顶层，上施井

乡宁寿圣寺正殿梁架

乡宁寿圣寺正殿

乡宁寿圣寺钟楼

口枋。一层设围廊，廊柱为方形抹角石柱，柱头斗栱一斗三升，过道两边平台上新塑哼哈二神将。二层檐下柱头斗栱七踩三昂。

钟楼内存金泰和四年（1204）铁钟1口，高2米，内径1.7米，重约1吨。古时每日曙光初露，由寺内住持方丈鸣钟108次，钟声远播，远近俱闻，名曰“神钟”。有清代陈瑞寿圣寺钟楼联为证：“楼近金代迄今五百年之久，钟响县城声闻四十里之遥”。“寿圣晨钟”被誉为“古鄂八景”之一。

现存的钟楼、正殿是晋西南地区仅存的集金、元、明风格为一体的古建筑遗构。

营里千佛洞石窟

位置　临汾市乡宁县昌宁镇营里村

时代　北齐至唐代

类型　石窟寺及石刻

2019 年，被国务院公布为第八批全国重点文物保护单位。

营里千佛洞石窟开凿于北齐，隋唐又有补刻。该窟坐北面南，由上、下三进院落组成，占地面积约 520 平方米，由南向北依次为茶房、藏经堂、正殿、千佛洞。

石窟开凿于长、宽约 20 米的巨石上，占地面积 164.86 平方米。窟平面方形，高 3.1 米，宽 4.5 米，深 4.5 米，穹隆顶，窟顶雕有飞天藻井，窟四壁满雕千佛及供养人姓名，现存 951 尊。洞窟正中雕有一佛二菩萨造像已风化漫漶不清。西壁中部凿龛，中雕一佛二菩萨，下部浮雕礼佛图二层，上部为骑马人物像 14 组 20 尊，下部乘车人物像 4 组 9 尊，车为两轮轿车，车顶饰红色。洞正面左、右、上方、西壁角下，分别凿有高 1.07 米、0.64 米、0.27 米等造像 4 尊，东壁壁龛雕有思惟菩萨像 1 尊，其下部浮雕有手持仪仗的供养人。

千佛洞四壁所雕神龛佛像姿态庄重、栩栩如生，壁面和石雕藻井，刀法简练，做工精细，为北齐、隋唐时期的杰出作品。

营里千佛洞石窟远景

营里千佛洞石窟砖券门

营里千佛洞石窟内景

隰县鼓楼

位置　临汾市隰县龙泉镇城关村中心街

时代　明代

类型　古建筑

2013年，被国务院公布为第七批全国重点文物保护单位。

隰县鼓楼又名“大观楼”。鼓楼由墩台和台上楼阁构成，占地面积190平方米。据《隰州志》及脊檩下的题记记载“明万历四十五年奉直大夫知隰州事储”，鼓楼由隰州知州储至俊创建于明万历四十五年（1617），清顺治十五年（1658）、乾隆十五年（1750）、咸丰六年（1856）均有修葺，其梁架结构、牌匾等为明代原物。

墩台为方形，边长13.8米，高5.98米，由青砖砌筑，外涂朱红色。台下设十字券门洞，东侧有露天梯可达台上。台上木结构楼阁为二层重檐十字歇山顶，高14.31米。一层平面为方形，面阔、进深各一间，四周回廊，内设木楼梯，檐部为三踩单翘斗栱。平座及下檐三踩单翘斗栱，上檐为五踩单翘单昂斗栱。上层四面檐下分别悬挂“龙泉古郡”“长寿遗封”“三晋雄邦”“河东重镇”等巨匾4方。

隰县鼓楼造型独具特色，保留了明代建筑原构，修葺演变可考，具有重要的建筑史学研究价值。

隰县鼓楼全景

千佛庵

位置：临汾市隰县龙泉镇城北村瓦窑坡自然村城川河西南

时代：明代

类型：古建筑

1996年，被国务院公布为第四批全国重点文物保护单位。

千佛庵又名“小西天”，位于隰县龙泉镇城北村瓦窑坡自然村城川河西南，庵前临河。据碑文及梁架题记记载，创建于明崇祯二年（1629），清代多有修葺。院落坐东朝西，占地面积1549.97平方米，依山而建，分前院、上院和下院3座院落。

前院建摩云阁1间，单檐悬山顶；下院为寺庙主体，正面为无量殿，内存木雕天宫楼阁及铜铸佛像40余尊，两侧为厢房、掖门2座；厢房一为“半云轩”，面阔三间，进深一间，单檐硬山顶，内存明代佛经7000余卷。

上院正中为大雄宝殿，面阔五间，进深六椽，前檐辟廊，单檐悬山顶，琉璃脊饰。殿内正面排列着5个相互连通的佛龛，内塑5尊主佛，殿南山墙上塑“四方三圣”“四大天王”等佛教人物故事，殿北山墙上塑须弥山上三十三层“忉利天”、《佛传》故事和释迦牟尼的本生故事。大梁、梁间墙壁塑八大金刚、“极乐世界”，有人面飞天、神鸟、孔雀、鹦鹉、仙鹤等。殿内彩塑满布，除佛坛上的5尊主佛外，墙壁、檩柱、屋椽上都塑着数以千计的悬塑，故称“千佛庵”。

整个寺院依山叠造，构思巧妙，高低有别，错落有致，地尽其用，浑然一体，特别是大雄宝殿内满堂泥质悬塑艺术，贴金敷彩，金碧辉煌，精巧玲珑，梁架彩画富丽典雅，颇具特色，堪称佛教彩塑艺术之瑰宝。

千佛庵大雄宝殿正立面

千佛庵大雄宝殿悬塑局部

千佛庵全景

七里脚千佛洞石窟

位置　临汾市隰县城南乡七里脚村东1.2千米

时代　南北朝至唐代

类型　石窟寺及石刻

2013年，被国务院公布为第七批全国重点文物保护单位。

七里脚千佛洞石窟凿于南北走向的山坡崖壁下部，始凿于北魏晚期，止于唐代。千佛洞石窟共有2个洞窟，南北并列，窟口均西向，窟内造像70余尊。

南窟属北魏洞窟，平面呈马蹄形，穹隆顶。窟外立面雕成仿木建筑结构。窟门两侧各雕一力士像，主室正壁雕一佛二菩萨像，左、右壁各雕一佛一弟子一菩萨像。北窟为唐代开凿，平面横长方形、平顶。正壁前设高坛基，坛上雕一佛二菩萨像，正壁及左、右壁雕五十三佛题材的造像。佛像均作高浮雕，结跏趺坐于仰莲座上。北窟门外右侧有金大定二十三年（1183）冯王上题古诗。

千佛洞石窟，雕刻精美，造型生动，为研究这一地区北魏和唐代佛教历史及造像艺术提供了珍贵的实物资料。

七里脚千佛洞石窟全景

七里脚千佛洞石窟窟门

七里脚千佛洞石窟北窟石雕像

古城村遗址

位置：临汾市隰县龙泉镇城北村古城自然村东台地

时代：新石器时代、东周、汉代

类型：古文化遗址

2016 年，被山西省人民政府公布为第五批省级文物保护单位。

古城村遗址，遗址年代包含新石器时代、东周和汉代。整个遗址城墙多依地势而建，现存东城墙和南城墙小部分，东城墙也是保存最长的一段城墙，南北长超过 600 米，高 3—4 米，顶部最宽处达 5 米以上。

城墙夯土成分纯净，夯窝直径约 4 厘米，夯层 7—10 厘米。城址东北角有一近似圆形的夯土高台，高约 5 米，周长约 55—60 米，夯层厚约 10 厘米，顶端最宽处约 8 米，高台上不见陶片等遗物，但在高台下方分布有大量绳纹筒瓦等。

遗址内文化堆积较厚，发现遗物主要为半圆形素面瓦当和圆形瓦当的筒瓦，以及极多见的板瓦，时代为战国、汉代，尤为重要的是，采集到一枚西汉“万”字圆形文字瓦当残片，全文为“千秋万岁”，这类吉祥文字非一般民居和一般建筑物所能拥有，表明这座古城在西汉时期存在着“官署”一类的机构。

该遗址是晋西吕梁山区留存战国至汉代遗址保存较为完整、典型的一座，并与战国至汉代的“蒲阳古城”密切相关，对研究当时城址布局有重要价值。

古城村遗址全景

古城村遗址祭坛遗址全景

均庄遗址

2021 年，被山西省人民政府公布为第六批省级文物保护单位。

均庄遗址面积较大，包含有丰富的文化遗存，涵盖了新石器时代、夏代、东周等多个阶段遗存。

遗址内发现有灰坑、房址等遗迹，出土了陶器、石器、骨器等众多文物。陶器的种类多样，包括罐、盆、豆等，纹饰有绳纹、弦纹等。

均庄遗址对于研究当地古代社会的发展、文化演变以及先民的生产生活方式等方面，具有重要的学术价值和研究意义，为了解这一地区的历史文化脉络提供了珍贵的实物资料。

位置　临汾市隰县下李乡均庄村城川河两岸台地

时代　新石器时代、夏代、东周

类型　古文化遗址

均庄遗址

永和文庙大成殿

位置 临汾市永和县芝河镇城关村

时代 明代

类型 古建筑

2013年，被国务院公布为第七批全国重点文物保护单位。

永和文庙，据《永和县志》记载，庙始建于元至元年间，坐北朝南，现仅存大成殿，仍保留有元代建筑特征。

文庙大成殿，面阔五间，进深六椽，单檐歇山顶，筒板瓦屋面。前檐墙经后人改造，已非原状。前檐柱头斗栱五铺作双杪，皆做琴面假昂头，耍头斜杀内凹，补间铺作明间、次间各施一朵，形制与柱头铺作相同。柱头铺作里转出两跳，重栱计心造。殿内厅堂造，六架椽屋四椽栿对乳栿通檐用三柱。后在四椽下增置一柱。前檐角柱生起明显。梁多用自然材，平梁上施蜀柱、叉手，部分梁上仍保存有彩画。

永和文庙大成殿转角斗栱

永和文庙大成殿正立面

永和文庙大成殿梁架

楼山古建筑群

 位置
临汾市永和县楼山乡后鹿角村山头村东约2千米的楼山南侧山峰上

 时代
元代、清代

 类型
古建筑

2021 年，被山西省人民政府公布为第六批省级文物保护单位。

楼山古建筑群共 5 处庙院，各处庙院依山就势，自北向南，渐次升高，依次为楼山魁星楼、楼山圣母庙、楼山清代龙王庙、楼山岳庙（龙王庙）以及楼山财神庙，共计 11 处文物建筑。楼山岳庙龙王殿为元代建筑，其余均为清代建筑。

楼山岳庙建在山顶石崖之上，坐西北朝东南，主要建筑有龙王殿及耳殿、观音殿、戏台、土地殿。龙王殿面阔三间，进深四椽，单檐硬山顶，干槎瓦屋面，二椽栿前后劄牵通檐用四柱。观音殿为块石砌筑，上、下两层，下层为券洞式窑洞。上层面阔三间，前插廊，单檐硬山顶，干槎瓦屋面。土地殿面阔三间，窑洞前插廊，单步梁，单檐硬山顶，前后坡屋面铺墁石

楼山古建筑群圣母庙圣母殿

楼山古建筑群全景

板。戏台面阔三间，前部进深两椽，后为石砌体券洞，两侧为出入的小券洞，单檐硬山顶，前坡为筒板瓦屋面，后坡顶部石板铺墁。脊部有墨书题记“时大清道光二十三年岁次癸卯六月初六日吉时竖柱上梁”。

楼山圣母庙建在半山腰，坐北朝南，二进院落布局。前院为厢房，后院中轴线建有圣母殿、戏台。圣母殿石砌而成，分为上、下两层。下层为石券窑洞 3 孔。上层面阔九间，前插廊，单檐硬山顶，干槎瓦屋面。戏台面阔三间，前部进深三椽，后部为石砌体及窑洞，两侧设置出入的小券洞，单檐硬山顶，筒板瓦屋面。

楼山古建筑群岳庙龙王殿

楼山岳庙龙王殿内有元代碑 1 通。

楼山古建筑群年代久远、类型多样、文化积淀深厚，是见证该地区历史演变、文化脉络、人文背景的珍贵实物资料，是体现该地域文明的重要坐标。且楼山岳庙龙王殿是山西现存的唯一一座墙体以片石垒砌的元代木构建筑，地域特色突出。

柏山东岳庙

位置　临汾市蒲县城东柏山之巅

时代　元代至清代

类型　古建筑

2001 年，被国务院公布为第五批全国重点文物保护单位。

柏山东岳庙创建年代不详，据庙内碑文记载，元代重修，明、清两代均维修补建，20 世纪 80 年代、90 年代先后对长虹磴道、乐楼、行宫大殿、子孙娘娘殿、凌霄殿进行维修。庙坐北朝南，依山而建，占地面积 9800 平方米。中轴线上依次建有山门（门上建天堂楼）、凌霄殿、天王殿、乐楼、看亭（议事厅）、献亭、行宫大殿、寝宫（后土祠）、昌衍宫（子孙娘娘殿）、清虚宫、地藏祠及十八层地狱，两侧有钟楼、鼓楼、厢房、回廊、七十二司、角楼等。庙前建有影壁、长虹磴道、御马亭，磴道东侧建有华佗庙。现存建筑中献亭柱础石为金代刻石，行宫大殿及献亭盘龙石柱为元代遗物，余皆为明清建筑。

行宫大殿，砖砌台基，面阔五间，进深五间，四周围廊，重檐歇山顶，琉璃筒板瓦屋面，屋顶中设菱形方心 1 枚，脊饰琉璃吻兽。殿周廊柱，方形抹楞，砂岩雕造，梁架彻上露明，四椽栿对前乳栿通檐用三柱，结构上保存了元代建筑风格。大殿下层檐柱头斗栱四铺作单杪单栱计心造，上层檐柱头、补间均为六铺作双杪单下昂，重栱计心造。廊下柱础多为元代形制，前檐廊柱上刻有元至正二十一年（1361）县尹邢叔亨所作《木兰花慢》五首。殿内木雕神龛内塑黄飞虎坐像，龛前侍者二人、官员二人分立两侧。

献亭平面呈方形，面阔、进深各一间，单檐歇山筒板瓦屋顶，琉璃脊饰吻兽。亭四周设栏围护，四角盘龙石柱，前两根为元代雕造，后两根为明代补作。檐下四面斗栱均五踩双昂。四角础石为金泰和六年（1206）五月蒲县郭下村石匠李霖造，础盘四角雕宝相花，覆盘上各雕行龙 3 条，为宋金石雕精品。

寝宫又称“后土祠”，创建年代不详，据殿内脊板题记和 2005 年《东岳庙志》载，清顺治十三年（1656）、康熙二十三年（1684）、宣统三年（1911）均有重修。建于高 0.95 米的砖石台基上，面阔三间，进深四椽，硬山筒板瓦屋顶，五檩无廊式建筑。殿内后部设木雕神龛，塑有帝妃坐像及侍者像，西侧山墙内嵌石碣 2 方。殿前辟台明。殿后建有面阔三间，进深两椽的单坡小厩。

十八层地狱是东岳庙的精华所在，由五岳殿和十殿阎君组成，从第一殿前“阴阳界”始，到第十殿“转生门”止，塑造了刀山、锯解、碓捣、挖眼、油锅、炕烙、革面、挖心、秤钩等十八重地狱酷刑，

柏山东岳庙全景

柏山东岳庙行宫大殿

柏山东岳庙献亭

以及阎君、判官、鬼卒等多达 140 余尊，尺寸与真人相当。受刑者、施刑者，各呈其姿，各现其态，各种冥刑过程，光怪离奇，施刑动作，逼真传神，极尽能匠之艺，汇集明代泥塑艺术精粹。

庙内现存有元、明、清碑 114 通，明清彩塑 246 尊、铁像 13 尊，明正德九年（1514）香炉、醮盆各 1 个，明嘉靖六年（1527）铁钟 1 口。

薛关遗址

位置：临汾市蒲县薛关镇薛关村西南约一千米处

时代：旧石器时代

类型：古文化遗址

1986年，被山西省人民政府公布为第二批省级文物保护单位。

薛关遗址面积约4.4万平方米，是一处典型的旧石器时代晚期以楔状石核为特征的细石器技术传统的文化遗址。

1964年，中国科学院古脊椎动物与古人类研究所在此发现人工石片和石器。1980年，山西省考古研究所先后两次发掘获得石制品4777件及哺乳动物化石多件，其碳14测年定为13550 + 150年。

该遗址的文化遗物主要为石制品，以小型石器居多，打片技术直接和间接二者兼用，各类石器以单面加工为主，多为石片制成，属于以石片石器为主导的石器手工业。石器及组合有端刮器、刮削器、尖状器、雕刻器、琢背小刀等，细石器占主导，类型丰富，有楔形、船底形、半锥形、似锥形、漏斗形，其中船底形居多。

该遗址原料以燧石、石英岩和角页岩为主，这和三级、四级阶地砾石层的岩石成分基本一致，表明这些石制品是就地取材制作完成的，所有标本棱角锐利，未发现有水流磨蚀现象。

薛关遗址是一处既有典型的细石器工艺制品，又有大量非细石器工艺石制品的石器文化遗址，在文化上具有多样性、复杂性特点，为探索吕梁山南段地区旧石器时代晚期的人类行为模式提供了重要参考。

薛关遗址北面

薛关遗址南面

腰东汉墓群

位置　临汾市蒲县蒲城镇堡子村腰东自然村

时代　汉代

类型　古墓葬

1996年，被山西省人民政府公布为第三批省级文物保护单位。

腰东汉墓群，墓区东西约500米，南北约1000米，分布面积约15万平方米。

20世纪五六十年代曾先后发现过几十座墓葬。发掘过1座墓葬，清理出石棺1副，石棺为红砂石，经过打磨拼砌而成，做工较粗糙。墓内随葬品主要有陶罐、陶鼎、铜镜等。根据采集到的陶鼎、陶器残片纹饰、陶质、器形分析，该墓当属汉代。

腰东汉墓群反映了东汉时期在该地区的墓葬习俗和社会结构，为研究当时社会的等级制度、经济状况、宗族结构等提供了重要的实物资料。

腰东汉墓群远景

腰东汉墓群出土陶片

蒲县真武祠

位置：临汾市蒲县县城翠屏山山腰

时代：明代

类型：古建筑

2021年，被山西省人民政府公布为第六批省级文物保护单位。

据蒲县真武祠内明嘉靖二十六年（1547）碑文记载“创建无梁殿一所，岿高宏深，奥处有邃室，中祷铜像，旁列玉女”“肇造于嘉靖庚子□仲，竣事于癸卯之夏”，现存为明代建筑。真武祠坐南朝北，原布局不详，据碑文记载曾建有门楼、戏台、静堂。现为一进院布局，仅存正殿、东西耳殿，建于高1米的砖石台基上。

正殿台基高1米，面阔、进深各15米，单檐歇山顶。大殿为无梁殿，呈八角叠涩攒尖顶藻井。檐下及殿内顶部设有砖雕斗栱，前檐正中有拱券门。殿内神坛安放明代铜铸真武帝君坐像1尊，高1.5米，宽1米。两侧耳殿为单孔砖券平顶窑洞，琉璃脊饰，檐下设有砖雕斗栱。祠内现存明代碑1通、清代碑2通、1993年重修碑2通。

蒲县真武祠采用的是北方少见的坐南朝北布局形制，背南屏临三川，应真武镇河除邪之意，真实地反映了我国古代信仰崇拜的民间性、大众化，体现了神祇崇拜的悠久历史和文化积淀，反映了古代先民的精神信仰；真武祠殿内顶部明代砖砌八角攒尖顶和明代铜铸真武大帝像在全国较为罕见，具有一定的艺术研究价值。

蒲县真武祠全景

蒲县真武祠正殿及耳殿

师家沟古建筑群

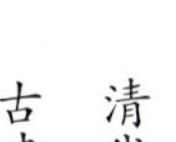

位置　临汾市汾西县僧念镇师家沟村

时代　清代

类型　古建筑

2006年，被国务院公布为第六批全国重点文物保护单位。

师家沟古建筑群据题记及新修《汾西县志》记载，始建于清乾隆三十四年（1769），最晚的部分建于同治二年（1863）。创建人为师法泽，师氏家族曾经营店铺，捐官纳爵，官商一体，至清道光年间家族逐渐衰落。古建筑群坐西北朝东南，建于半山坡上相连的两个台地上，占地面积2.3万平方米。现存31座院落，包括大门13座、房屋61栋、石牌坊1座、石狮6尊、拴马桩1个。

主体建筑为砖构窑洞，部分为木构。院落组合以四合院、二进四合院、三合院、二楼四合院、三楼四合院为主体，设有正房、偏房、客厅、过厅、书房、绣楼、赏月楼等。院落门前与巷道相连，相互之间又巧妙相通，互相联系。有园门、耳门、偏门、楼门、屏门、暗门，上下左右互相贯通且衔接自然，形成了由下而上，楼上楼、院中院的奇特格局。一条用长方石条铺成的人行道长达约1500余米，处处与排水道接通，故有“下雨半月不湿鞋”和“关好八大门，锁好十小门，行人难出村”之说。整个村落既有水平方向的相互穿插，又有垂直方向的互相渗透，充分体现了丘陵沟壑地区依山就势、窑上登楼的建筑特点。同时又融合了平原地区多进四合院的布局风格。村四周有约1500米长的石条人行道，构成环村环行道，环行道以外建有酒坊、醋坊、染坊、豆腐坊、油坊、造纸坊、

师家沟古建筑群牌坊

师家沟古建筑群成均伟望院

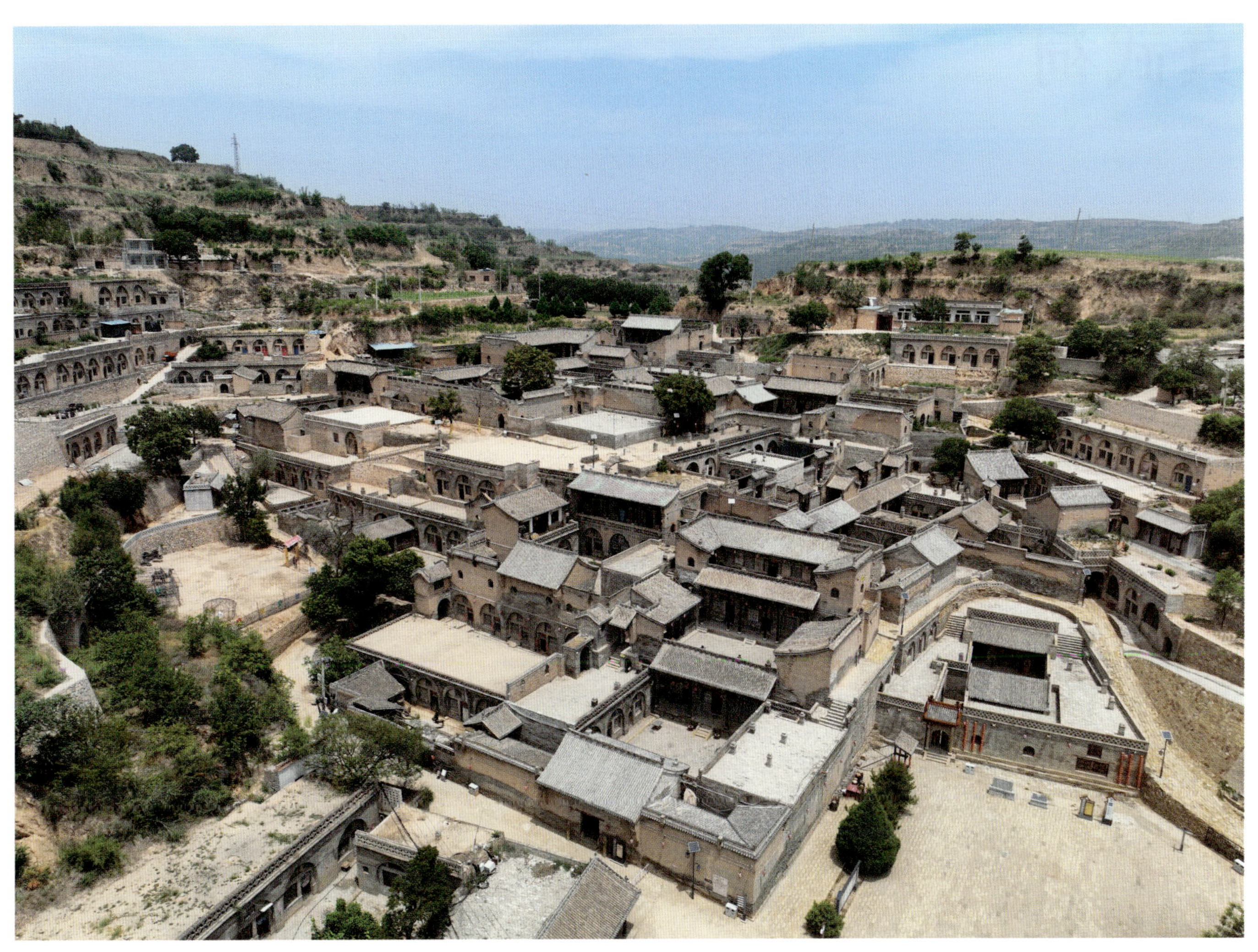

师家沟古建筑群全景

当铺、盐店、药店、学堂、牌楼、祠堂等附属建筑。

师家沟牌坊，位于师家沟村南，据牌坊题记记载，建于清咸丰七年（1857）。牌坊坐北朝南，砂石质，四柱三楼仿木重檐歇山顶，高约6.3米，宽5.8米。明柱两侧夹包石狮。整座牌坊庄严肃穆，古朴典雅。

师家沟古建筑群文化内涵极其丰富，集砖、石、木雕为一体，垂花门、檐廊、隔扇等雕刻精细。现存的门楼、楼栏、花草、人物、琴棋书画木雕10余套，雕刻精致、艺术精湛，已成为我国木雕艺术研究的珍品。师家沟古建筑群集中体现了黄土高原民居的特征，在山西现存清代传统民居中独树一帜，具有较高的历史、文化、艺术、科学价值。

真武祠

位置　临汾市汾西县城西姑射山主峰之巅

时代　元代至清代

类型　古建筑

1996年，被山西省人民政府公布为第三批省级文物保护单位。

真武祠创建年代不详，金大定年间改称“青山龙王庙”，元大德二年（1298）改称“青山庙”，延祐二年（1315）、明洪武二年（1369）均有重修，清顺治十一年（1654）创建真武祠，改称“真人庙”。真武祠主建筑群坐北向南，共有7个院落，包括中轴线上的五进院落和东、西两个跨院，形成多层梯式合院建筑。轴线由南向北依次为戏台（山门）、看亭、真武殿、文殊殿、三教堂、铜殿、圣母宫，除四进院外每院两侧对称布置配殿或钟鼓楼。东、西跨院为库房院和女单院，位于真武祠主建筑群的三进院与四进院的东、西两侧。

真武殿位于真武祠主建筑群的轴线中部，前檐明间石柱题记“大清道光柒年（1827）岁次丁亥蒲月重修”。真武殿面阔三间，进深四椽，单檐歇山顶，梁架为单步梁后接四架梁用三柱，琉璃屋面。

庙内保存元碑1通，明清重修碑、记事碑70余通。

真武祠全景

真武祠真武殿正立面

下团柏九天圣母庙

位置 临汾市汾西县团柏乡下团柏村

时代 元代至清代

类型 古建筑

2021年，被山西省人民政府公布为第六批省级文物保护单位。

下团柏九天圣母庙创建年代不详，据中殿脊檩、脊刹题记及碑文记载，元至治三年（1323）、明嘉靖七年（1528）、清康熙七年（1668）和嘉庆六年（1801）均有修葺。另据《九天圣母庙并修乐亭序》记载，清乾隆十年（1745）、嘉庆二年（1797）重修戏台。庙坐北朝南，二进院布局，中轴线上自南而北依次建有影壁、山门、戏台、献殿（遗址）、九天圣母殿、十王殿，其中九天圣母殿为元明时期遗构、山门为明代遗构，其余为清代建筑。

九天圣母殿坐北朝南，面阔三间，进深四椽，单檐悬山顶，前檐内额下题记“……大元至治三年岁次癸亥辰月壬子日施檐本村……”脊刹北侧题记“……嘉靖七年……”。结合梁架结构现状分析，九天圣母殿为元明遗构；戏台坐南朝北，面阔三间，进深四椽，单檐卷棚硬山顶；山门坐北朝南，面阔三间，进深四椽，单檐悬山顶。

庙内石碑11通，石碣1方。其中戏台和西厢房前存清代维修记事碑5通，后殿内存清嘉庆九年（1804）治水碑1通，中殿西侧存醮盆1个。

作为为数不多的九天圣母信仰地，下团柏九天圣母庙历经元、明、清各代，院落格局仍能完整保存下来，基本保持了明

下团柏九天圣母庙全景

清时期建筑格局，碑刻记载的寺院历史和物质遗存可以相互印证，同时寺院仍保持了祭祀活动场所的功能。寺院整体格局保存状况基本完整，中轴线院落关系明晰，主体建筑基本保留历史原构，留存不同时期的历史活动信息，具有鲜明的地方特色，为研究晋南地区早期建筑的结构手法提供了实例。

李安庄观音阁

汾西县

位置 临汾市汾西县永安镇李安庄村

时代 明代至清代

类型 古建筑

2021年，被山西省人民政府公布为第六批省级文物保护单位。

李安庄观音阁创建年代不详，据碑文记载，明弘治九年（1496）、嘉靖十一年（1532）、万历五年（1577），清雍正十年（1732）、乾隆四年（1739）、道光四年（1824）均有修葺。整体建筑坐北朝南，三进东西院布局，中轴线上建有山门、戏台、观音阁，两侧存阎君殿、千手殿，院东南角设东门。西院建有西门、神佛洞（院中院）、老君堂、龙王殿，东、西院之间建有中门，西院神佛洞院内建有洞门、正房及东、西侧窑。戏台西侧（西院和神佛洞院外）建有窑洞7孔。现存观音阁和戏台为明代遗构，其余皆为清代建筑。

观音阁为二层三檐歇山顶建筑，面阔三间，进深两椽，一、二层的东、西墙壁存有壁画约20平方米，观音阁基本保持了明清时期建筑格局，形制特征、材料和工艺特点等方面保留了历史原状；戏台面阔三间，进深两椽，单檐硬山卷棚顶，梁架结构为通檐五架梁，戏台山墙残留清代壁画约30平方米；山门由戏台南侧出抱厦，穿过戏台下侧进入院内，山门前设石质踏步；千手殿、阎君殿位于观音阁东、西两侧，面阔三间，前廊式窑洞。

李安庄观音阁依山而建，面临汾河，庙宇布局整体呈一字排开，历经明、清增建修葺，窑洞、佛洞、楼阁、戏台等应有尽有，属明清寺庙的佳作。

李安庄观音阁全景

李安庄观音阁神佛洞

李安庄观音阁王母楼

追封吉天英碑

位置　临汾市汾西县永安镇北街社区

时代　元代

类型　石窟寺及石刻

追封吉天英碑（碑阳）

1996 年，被山西省人民政府公布为第三批省级文物保护单位。

追封吉天英碑据碑文记载，元至治二年（1322）立石。碑为青石质，螭首，龟趺，通高 2.8 米，首高 0.7 米，趺高 0.5 米，碑身宽 0.91 米，厚 0.35 米。碑阳额题篆书“大元赠嘉议大夫礼部尚书冯翊郡侯吉公墓碑铭”，首题“大元赠嘉议大夫、礼部尚书、上轻车都尉、追封冯翊郡侯吉公墓碑铭并序”。碑文楷书，碑阳全 23 行，满行 54 字，记载追封吉天英两代先人及其父吉祥生平。赵孟頫撰文并书丹，泰亨篆额，吉祥之子吉天英、吉天益、吉天弼立石。碑阴额篆吉氏谱系图，碑文记载吉氏族谱。

碑文系元代大书法家赵孟頫晚年的经意之作，其用笔多为中锋，圆转遒劲，功力深厚，实为元代书法艺术之珍品，具有极高的艺术价值。

追封吉天英碑全景

侯马晋国遗址

位置：临汾市侯马市汾河、浍河交汇处

时代：东周

类型：古文化遗址

1961 年，被国务院公布为第一批全国重点文物保护单位。

侯马晋国遗址，地处临汾盆地南缘，南倚绛山，汾河萦绕于西北，浍河从遗址东南边缘流过注入汾河，地势平坦，土地肥沃。遗址分布面积约 45 平方千米。

晋国遗址就是春秋时期晋国最后一个都城——新田所在之地。公元前 585 年晋景公迁都至此，公元前 403 年周烈王封魏斯、赵籍、韩虔为诸侯，晋国名存实亡，但在新田一直延续到公元前 376 年即晋静公二年，静公被魏武侯、韩哀侯、赵敬侯迁往屯留并三分晋地。晋都新田 209 年，历经历景、厉、悼、平、昭、顷、定、出、哀、幽、烈、孝、静等十三公。

该遗址主要由城址、手工业作坊址、墓地和祭祀遗址 4 个部分组成。自 1957 年牛村古城被发现至今，在侯马晋国遗址范围内，发现有牛村、平望、台神、白店、呈王、马庄、北坞、凤城、北郭马、台神小城和牛村小城等 11 座古城。遗址分布面积约 29.65 平方千米，发现周代中小墓葬 2900 余座，其中发掘 2500 余座。这些墓葬集中见于牛村古城南、上马、东高、下平望、乔村、秦村、虒祁、柳泉、西里等地。此外发现 11 处祭祀遗址、8 处墓地及铸铜、制陶、制骨、制圭等手工业作坊遗址，出土上万件精美文物。

作为晋国晚期都城，这里见证了晋国由强变弱、诸卿斗争、三家分晋等重大事件。晋国晚期都城的研究，为我们寻找晋国早中期都城、研究东周时期列国都城提供了较好的参考。以侯马晋国都城遗址布局特点被总结为“新田模式”，对战国时期城市产生了巨大的影响，突破了过去方块城市的束缚，把宫城独立出来，“品”字形宫城结构，小城由两城构成，手工业作坊区、祭祀、墓地等都有统一的安排等，可视为中国城市发展史上的里程碑。

侯马晋国遗址平望宫殿台基

侯马晋国遗址上马墓地出土的铜鉴

侯马晋国遗址铸铜遗址出土的凤纹陶模

侯马晋国遗址出土的侯马盟书

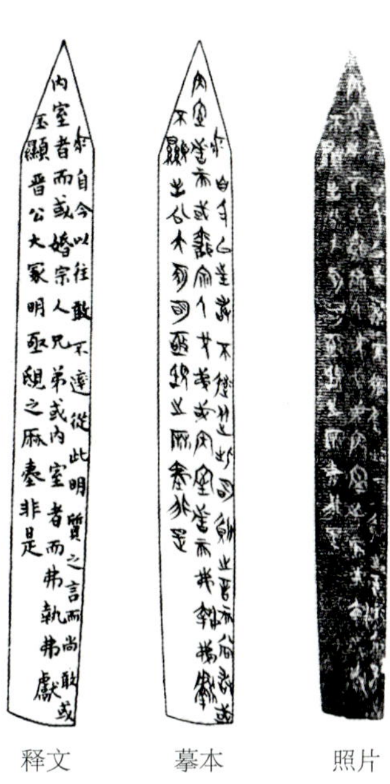

侯马晋国遗址出土的侯马盟书

南堡通济桥

位置：临汾市侯马市新田乡南堡村

时代：金代至清代

类型：古建筑

2016年，被山西省人民政府公布为第五批省级文物保护单位。

南堡通济桥，又称“浍水桥”，建于浍水河上。据乾隆《续修曲沃县志》记载“浍水桥，即晋平公与齐景公相会地，今名通济桥，邑人行世等捐，金重修”，之后的元至清多次重修。桥身呈南北走向，占地面积1917平方米。

桥为七孔坦拱石桥，黄砂岩块石砌成，桥身总长107米，宽17米，桥身高8米，桥孔呈锅底券状，内券石由36层黄砂岩条石砌成。拱券正面由券脸石、伏券石、仰天石组成，拱券之间撞券石17层。每孔龙门石上方的蹬券石伸出吸水兽1只；拱券下砌有分水金刚墙及分水尖，再下为桥基。仰天石上皮与桥面相平，仰天石上安装石雕勾栏。桥面整体略为弧形，用黄砂岩铺砌。

通济桥创建年代较早，体量较大，为敞肩式七孔石拱桥，其真实性、完整性俱佳。桥身拱券结构、券石砌法、整体造型为研究侯马地区古桥提供了可靠的实物例证。桥身拱券仍保留着简朴的雕刻图案，其拱券结构采用镶边横联错缝砌置法砌造拱券，是我国桥梁史研究的重要实例。

南堡通济桥全景

西城唐太宗庙

位置 临汾市侯马市凤城乡西城村

时代 元代

类型 古建筑

2021 年，被山西省人民政府公布为第六批省级文物保护单位。

据庙内现存石碣记载，西城唐太宗庙为元至正二十二年（1362）创建，有正殿内大梁题记内容与石碣相印证。现仅存正殿，殿坐北朝南，占地面积 127 平方米。

正殿面阔三间，进深五椽，单檐悬山顶，殿内采用金元时期典型的减柱、移柱法，四椽栿后对劄牵通檐用三柱。檐下五铺作双下昂，出耍头。殿内西壁保存有“太岳五松”壁画。

正殿东、西两壁各镶石碣 1 方。

西城唐太宗庙的建筑风格在晋南亦属少见，体现晋南元代建筑的做法及审美追求，是研究晋南元代建筑风格的实物资料。

西城唐太宗庙正殿

西台神台骀庙

位置：临汾市侯马市高村乡西台神村

时代：明代至清代

类型：古建筑

2016年，被山西省人民政府公布为第五批省级文物保护单位。

西台神台骀庙，是为祭祀治水大师台骀而建，坐北朝南，庙坐落于高约10米的翠岭上。外围以青砖砌筑，围墙垒砌成城堡形式，占地面积约2905平方米。中轴线布局，整体形状为椭圆形，沿中轴线自南向北依次为山门、献殿、台王宝殿、春秋楼，轴线两侧分布有三曹殿、十王殿、娘娘殿及其献殿等。

西台神台骀庙全景

台王宝殿修建于明崇祯八年（1635），坐北面南，面阔三间，进深四椽，为单檐硬山顶。献殿坐落于台王宝殿之前，面阔三间，进深四椽，单檐悬山顶。两座献殿的房顶部分相连，在两山相通处形成一通道，屋檐下做成门楼的形式，上书“春秋楼”。春秋楼于清道光二十九年（1849）重修，为两层单檐硬山顶建筑，面阔三间，进深四椽。

献殿东侧现存清乾隆三十二年（1767）重修碑、清朱彝尊题“怀古十韵”碑，台王宝殿前存清咸丰三年（1853）“义学碑记”。

西台神台骀庙不仅是汾河流域最早、规模最大的一处祭祀汾河河神的建筑群，而且总平面呈椭圆形，各单体布局错落有致，不拘一格，具有较高的艺术价值，该建筑是研究汾河流域祭祀汾河河神的实物例证。

西台神台骀庙春秋楼

霍州窑址

位置 临汾市霍州市白龙镇陈村

时代 宋代至元代

类型 古文化遗址

2006年，被国务院公布为第六批全国重点文物保护单位。

霍州窑址位于汾河台地上，地势西高东低，呈陡坡状。

霍州窑始建于唐，宋元时期为鼎盛期，清末工艺逐渐失传，走向衰亡。

霍州窑址遗存丰富，且保存较好。遗址瓷器遗存丰富，现存宋元时期瓷器作坊3处，石碾粉碎磨坊1处，明清时期的瓷窑烧制炉1座，碗模遗器及宋元时期的瓷片随处可见，并有完整瓷器数件珍藏于山西博物院和上海博物馆。

窑址范围内现存宋元时期瓷器作坊3处，为窑洞式，共7孔，深度10—20米不等，券窑工艺采用宋元时期北方独特的重叠砖券拱式。目前作坊有村民居住，保存尚好，作坊外现存石碾粉碎磨坊1处，瓷模遍地皆是。在作坊的窑顶上方，有明清时期的瓷窑烧制炉1座，保存较完整，中华人民共和国成立初期停用。

霍州窑是我国北方地区宋元时期重要窑址之一，其发现和瓷片等印证了史籍记载，对于研究金元时期霍州窑址出产瓷器的销售对象、窑口之间的工艺交流具有重要意义，丰富了我国古代白瓷的类型，为古代瓷器研究提供了丰富资料。霍窑瓷器原料瓷土细腻柔软，釉面润泽，种类繁多，器形多样，是我国民间瓷窑遗址中不可多得的瓷器艺术宝库。霍窑瓷器风格独树一帜，白瓷造型秀雅灵巧，成为中国古代白瓷中的一个特殊类型。定窑是宋代五大名窑之一，霍州窑仿制水平最高，其白瓷造型小巧，胎薄体轻，制作精良，纹饰精细。霍州窑址对研究当时霍州窑的烧制技术具有一定的科学价值。

霍州窑址明代窑址全景

霍州窑址明代窑址局部

霍州窑址明代细白瓷矾红彩云龙纹碗残片

霍州州署大堂

位置：临汾市霍州市鼓楼街道

时代：元代

类型：古建筑

1996年，被国务院公布为第四批全国重点文物保护单位。

霍州州署大堂，始建于唐代，据署内碑碣记载，元元贞三年（1297）重建，大德七年（1303）地震毁，大德九年（1305）复建，明洪武四年（1371）及成化初年曾修缮，嘉靖二十一年（1542）仪门前修建大门，上建谯楼，改大门为“承流宣化坊”。清顺治、乾隆、光绪年间均有修葺。州署坐北朝南，占地面积3.2万平方米。现存建筑有照壁（复建）、牌坊（复建）、谯楼（复建）、仪门及人门、鬼门、甬道及戒石亭、东西科房、大堂及东西耳房、二堂、内宅及书房，内宅东侧静怡轩正房及东厢房。大堂为元代遗构，余皆为明清建筑。

大堂元大德七年（1303）地震毁，大德九年（1305）复建。砖砌月台，高0.65米。面阔五间，进深六椽，悬山顶。大堂采用元代减柱造方法，使堂内显得开阔宽敞。堂内后梁额上，悬挂一匾，上书“正大光明”。大堂前接抱厦，抱厦为明代建筑。台基略高于月台0.1米，面阔三间，进深四椽，卷棚顶。大堂东、西两侧各有一耳房，东为议事厅，西为刑厅。耳房台基高0.8米，皆面阔三间，进深三椽，四檩梁架，硬山顶。大堂东、西墙壁中间各设一便门与东、西耳房两厅相通。大堂后墙正中也设一门，通往后院。

仪门即官署第二重正门，取其“有仪可象”之意。仪门为高台建筑，基座由青砖垒砌，青石质条石压沿，基座与地面垂直高度 2.5 米，东西长 15 米，南北宽 10.5 米。面阔三间，进深四椽，五檩前后檐廊悬山顶建筑，房脊距地面高 8.3 米，檐檩上 7 组斗栱，斗栱三踩。仪门前有宽 4.5 米的 18 级石质台阶，下通丹墀。台阶前两侧，有元代石狮 1 对。仪门东、西两侧，又各有一门，地基略高于丹墀，东为喜门也叫“人门”，西为绝门俗称“鬼门”。

大堂内存石狮 3 对、石虎 1 对、琉璃狮子 1 对、碣 10 方、碑 5 通。

霍州州署大堂是元代建筑遗存，其建筑结构设计精巧，是研究当地元代建筑结构与艺术的重要实物例证。

霍州州署大堂仪门

霍州州署大堂

霍州观音庙

位置 临汾市霍州市开元街道赵家庄村

时代 元代至清代

类型 古建筑

2006年，被国务院公布为第六批全国重点文物保护单位。

霍州观音庙创建于元代，明清时期屡有添建。庙坐北朝南，占地面积2836平方米。建筑群总体布局为东、西两条平行轴线中心，其东轴线为一进院，轴线上分布有山门、后殿，东侧设有文昌阁、厢房、土地殿；西轴线分布有观我楼、戏台、过厅、观音殿，西侧设有碑廊、西便门。

观我楼位于庙南，主体为元代遗构，是寺庙内最早的建筑，其下部为过街通道，上部开敞可观景。原为“彘川镇河”神龛阁楼，建筑三间，另带三面回廊。建筑利用地形高差底部柱廊跨于小路上，为过街通道，上下斗栱为四铺作单杪下昂，四椽栿，屋顶为重檐歇山顶，琉璃剪边，灰瓦覆盖，顶部正吻题记“吴川雄镇”四字。明代紧贴其北侧建有戏台，台基高1.5米，面阔三间，进深四椽，梁架四檩前檐，卷棚灰布筒板瓦顶。山门面阔三间，进深五椽，六檩前后廊悬山顶；后殿面阔三间，进深四椽，五檩前廊悬山顶；文昌阁为砖砌二层建筑；配殿为砖木结构建筑，面阔五间，进深三椽，四檩前廊悬山灰布筒板瓦顶；厢房为面阔三间，硬山顶建筑；献殿面阔三间，进深三椽，四檩前后廊悬山顶建筑；观音殿为元代建筑，面阔五间，进深四椽，五檩前廊悬山顶建筑；观音殿西侧建有砖砌西便门，门额题“观音庙”。

霍州观音庙是集儒、释、道为一体的典型寺庙综合建筑，是当地建筑造型、功能布局、建造技术及风水布局等水平的集中体现。

霍州观音庙山门

霍州观音庙戏台

霍州观音庙过厅

霍州祝圣寺

位置：临汾市霍州市鼓楼街道后塞社区前进街城关粮站内

时代：元代至清代

类型：古建筑

2019年，被国务院公布为第八批全国重点文物保护单位。

据《霍州志》记载：祝圣寺原名“东福昌寺”，俗称“上寺”，唐贞观四年（630）建寺，大雄宝殿梁架题记记载明万历三十一年（1603）重修、清乾隆四十年（1775）彩绘。寺坐北朝南，占地面积2073平方米，二进院落布局，现存一进院大雄宝殿，二进院后殿及东西耳殿、东西配殿。

大雄宝殿，面阔五间，进深三间，悬山顶，屋顶琉璃脊饰，柱头斗栱五踩单昂，前接抱厦。二进院后殿台基高0.6米，面阔三间，进深七椽，八檩前廊歇山顶式建筑，柱头斗栱五踩双昂；耳房均为面阔一间，进深两椽，单坡硬山顶式建筑；东、西配殿均为面阔五间，进深两椽，三檩无廊硬山顶式建筑，西配殿北侧设有砖砌窑洞2孔。

祝圣寺屋顶琉璃色泽艳丽，形态生动，是明代琉璃中的佳品。

霍州祝圣寺后殿

霍州祝圣寺大雄宝殿

霍州祝圣寺西配殿

霍州鼓楼

位置：临汾市霍州市鼓楼街道

时代：明代至清代

类型：古建筑

2019年，被国务院公布为第八批全国重点文物保护单位。

霍州鼓楼创建于明万历十一年（1583），清乾隆七年（1742）、三十三年（1768）、三十五年（1770），宣统元年（1909）屡有修葺。鼓楼占地面积225平方米，总高27米，平面呈方形，整体为3层单体建筑。

鼓楼底部为十字券拱形通道，贯穿东、南、西、北4条大街。门洞四面门楣镌刻：东“对霍”、西“镇汾”、南“迎熏”、北“拱辰”。上部为木构阁楼两层建筑，面阔、进深各三间，四面均出歇山顶抱厦一间，四周围廊雕刻有花鸟等图案。二层三滴水十字歇山式屋顶。瓦顶安装有二十八宿琉璃造像和琉璃脊兽，结构精巧，建筑风格和建造技艺是明代建筑艺术的瑰宝。

霍州鼓楼二层

霍州鼓楼西立面

霍州鼓楼北立面

霍州鼓楼是霍州老城区中心的标志性建筑，也是中国古代艺术宝库中的重要遗产。霍州民间有句谚语“霍州有座大鼓楼，一半盖在天里头”，从另一个角度上说明霍州鼓楼的气势宏伟，鼓楼结构严谨，作为古建典型案例现被收录在《中国名胜辞典》中。

娲皇庙

位置 临汾市霍州市大张镇贾村

时代 清代

类型 古建筑

2006年，被国务院公布为第六批全国重点文物保护单位。

娲皇庙创建年代不详，据圣母殿脊檩题记记载“大清同治四年（1865）重修”。庙坐北朝南，占地面积2347平方米，现存戏台、钟鼓楼、娲皇圣母殿及东西朵殿。

娲皇圣母殿，砖砌台基，台基高1.4米，面阔三间，进深五椽，六檩前廊悬山顶式建筑，琉璃脊饰保存完整，屋面琉璃剪边，中间施琉璃方心。明间、次间均辟隔扇门。东、西朵殿面阔三间，进深四椽，两殿外侧出歇山。戏台面阔三间，进深四椽，五檩硬山顶。钟、鼓楼均为硬山卷棚楼阁建筑。

大殿内现存有壁画，面积约71平方米，主要内容为描述女娲于宫廷内处理事务及日常起居场景。

娲皇庙壁画从人物的动态、神情、服饰到殿宇楼台的画作，笔法娴熟、做工精细、色彩搭配合理，是山西清代寺观壁画中的佳作。

娲皇庙正殿

娲皇庙献厅

娲皇庙正殿壁画局部

開天立

韩壁遗址

位置　临汾市霍州市李曹镇韩壁村

时代　新石器时代

类型　古文化遗址

2004年，被山西省人民政府公布为第四批省级文物保护单位。

韩壁遗址地势东高西低，东西长约600米，南北宽约500米，分布面积约30万平方米，主体年代为龙山文化时期，与陶寺文化大体同时。

遗址范围内的断崖上暴露遗迹有灰坑、白灰面房址等。采集有龙山文化的绳纹夹砂灰陶鬲足、夹砂灰陶附加堆纹罐、夹砂绳纹灰陶鋬手鬲口沿残片等。

韩壁遗址文化遗存单纯，年代明确，且具有一定规模，是临汾盆地北部龙山文化晚期一个重要代表，对探索陶寺与其北部的社会关系提供了研究抓手。

韩壁遗址全景

大张遗址

位置 临汾市霍州市大张镇大张村东北

时代 新石器时代、东周、汉代

类型 古文化遗址

2021年，被山西省人民政府公布为第六批省级文物保护单位。

大张遗址是一处重要的新石器时代遗址。整个遗址以其独特的地理位置和丰富的文化遗存而闻名，为研究新石器时代的人类活动提供了宝贵资料。

大张遗址的地理位置特殊，东北高西南低，西侧和东侧紧邻冲沟，这种地形对古代人类选择定居地点具有重要意义。遗址的分布面积约37万平方米，规模宏大。在遗址的断崖上有灰坑，灰坑距离地表0.8—1.5米，发现了新石器时代庙底沟文化的泥质红陶双唇口线纹尖底瓶口沿、腹片和仰韶文化晚期的鸡冠耳绳纹夹砂灰陶罐、夹砂灰陶鸡冠耳罐、绳纹灰陶碗等残片。这些陶器的发现，不仅展现了当时人类的制陶工艺，还反映了他们的生活方式和文化特征。

大张遗址的文化遗存丰富，包括了从新石器时代到汉代的多个阶段。这些遗存不仅展示了古代人类的生活方式和制陶技术水平，还揭示了社会结构和文化传承的演变过程。

大张遗址局部

大张遗址灰坑

柏木川遗址

位置 临汾市霍州市三教乡柏木川村

时代 新石器时代

类型 古文化遗址

2021 年，被山西省人民政府公布为第六批省级文物保护单位。

柏木川遗址，文化内涵丰富，包含有新石器时代、夏、商、东周等多个阶段的文化遗存。遗址分布面积约 37 万平方米，地势北高南低。发现文化层厚 0.5—1.5 米，断面暴露有灰坑、白灰面房址、墓葬等遗迹，灰坑长 1.5 米、厚 0.6 米，白灰地面长 1.3 米。采集有龙山晚期的夹砂绳纹鬲口沿、足袋足根、釜灶、绳纹灰陶罐等残片。

柏木川遗址全景

柏木川遗址出土标本

西张圣王庙

位置 临汾市霍州市大张镇西张村

时代 元代至清代

类型 古建筑

2021年，被山西省人民政府公布为第六批省级文物保护单位。

西张圣王庙创建年代不详，坐北朝南，一进院落布局，占地面积226平方米。现仅存正殿及西耳殿，正殿为元代遗构，前廊为清代遗构，西耳殿为清代建筑。

正殿面阔三间，进深六椽，单檐歇山顶，四椽栿后压乳栿通檐用三柱，前檐设廊。檐下四铺作单下昂，出耍头。主体建筑梁栿间施驼峰、栌斗隔承，纵架丁栿及老角梁后尾搭压于上下四椽栿之间，用材自然又简略稳固。西耳殿位于正殿西侧，与正殿前后齐平，窑洞一间，前插廊，廊面阔两间，东侧与正殿共用角柱，窑洞西侧留有上下楼梯通道口。

正殿室内梁栿、榑枋及栱眼壁、山花遗有彩绘，东山墙保存有巨龙图壁画，东次间前墙嵌有清乾隆六年（1741）石碣1方。

现存正殿为元代遗构，正殿前廊及西耳殿为清代建筑，建筑年代跨度较长，正殿梁栿结构与霍州及其周边地区同时期建筑遗构如出一辙，是霍州仅存的几座元代建筑之一。正殿所绘壁画《巨龙图》，用笔流畅，布局合理，具有较高的艺术价值。

西张圣王庙全景

西张圣王庙正殿壁画

王庄三教庙

位置　临汾市霍州市退沙街道王庄村

时代　元代

类型　古建筑

2021年，被山西省人民政府公布为第六批省级文物保护单位。

王庄三教庙始建年代不详，据庙内石碣记载，庙于元至元二十年（1283）重修，延祐元年（1314）维修。庙坐北朝南，平面呈“凸”字形，一进院落布局，占地面积约1000平方米。现仅存正殿，为元代遗构。

正殿面阔三间，进深六椽，单檐悬山顶，六椽栿通檐用三柱，前檐设廊，后檐明间向后凸出，为方形单间，内设神台，凸出部分专设神龛，部分梁架与主体梁架纵横构架，形成神龛功能。檐下四铺作单下昂，出耍头。殿内现存明代壁画126平方米。

王庄三教庙建筑风格独特，梁架科学搭接木构件，结构稳固，造型形成了空间形式美。庙宇三教合一，是儒、佛、道三教发展的重要见证，王庄三教庙是研究当地三教信仰形成的重要实例。

王庄三教庙全景

王庄三教庙正殿梁架

陈村玉皇庙

位置　临汾市霍州市白龙镇陈村

时代　元代至清代

类型　古建筑

2021 年，被山西省人民政府公布为第六批省级文物保护单位。

陈村玉皇庙创建年代不详，现存正殿、将军祠为元代建筑，其余皆为清代建筑。坐北朝南，三进院落布局，占地面积约 3226 平方米。中轴线上由南向北依次建有影壁、山门、戏台、过殿、正殿和王母娘娘殿，两侧为东厢房、关帝殿、将军祠。

正殿台基高 1 米，面阔三间，进深五椽，单檐悬山顶，四椽栿前劄牵通檐用三柱，前檐设廊，檐下四铺作单下昂，出耍头。将军祠为二层窑洞建筑，采用砖砌不压茬拱券建造方式，为元代建造手法。过殿台基高 1.06 米，面阔三间，进深五椽，单檐悬山顶，五架梁前对单步梁通檐用四柱。

庙内现存碑 6 通，经幢 1 座。

玉皇庙选址开阔，院落建筑形制规整，其建筑的建造结构、材料和工艺，代表了当时的科技水平。正殿具有典型元代建筑的特征与风貌，是研究晋南地区元代建筑的重要实物案例。

陈村玉皇庙全景

陈村玉皇庙戏台

下乐坪关帝庙

位置 临汾市霍州市大张镇下乐坪村

时代 明代至清代

类型 古建筑

2021 年，被山西省人民政府公布为第六批省级文物保护单位。

下乐坪关帝庙创建年代不详，据献亭内石碣记载：清乾隆四十五年（1780）、五十二年（1787）、五十五年（1790），道光三十年（1850）分别予以增建或补修。现存正殿、献亭为明代遗构，其余皆为清代建筑。庙坐北朝南，一进院落布局，占地面积 1448 平方米。中轴线上由南向北依次建有献亭、正殿，两侧为东西配殿、东西耳殿。

正殿又名“崇宁殿”，台基高 1.1 米，面阔三间，进深六椽，单檐悬山顶，七檩无廊式构架，檐下斗栱五踩双昂，出耍头。献亭面阔、进深均为一间，重檐十字歇山顶，檐部斗栱后尾承托三架梁，檐下斗栱三踩单昂，出耍头，重檐斗栱五踩双昂，出耍头。

庙内现存碣 5 方，铁旗杆 1 对。

下乐坪关帝庙建筑选材因地制宜，梁架结构设计恰到好处，是研究明清时期当地建筑结构的重要实例。

下乐坪关帝庙全景

下乐坪关帝庙献亭